职业教育财经商贸大类专业系列教材

Dianshang Zhibo

电商直播

庄　姝　　主　编
冯素敏　付　愉　副主编

东北财经大学出版社
Dongbei University of Finance & Economics Press
大连

图书在版编目（CIP）数据

电商直播 / 庄姝主编．—大连：东北财经大学出版社，2024.5
（职业教育财经商贸大类专业系列教材）
ISBN 978-7-5654-5233-8

Ⅰ．电…　Ⅱ．庄…　Ⅲ．网络营销-职业教育-教材　Ⅳ．F713.365.2

中国国家版本馆CIP数据核字（2024）第073111号

东北财经大学出版社出版
（大连市黑石礁尖山街217号　邮政编码　116025）
网　　址：http://www.dufep.cn
读者信箱：dufep@dufe.edu.cn
大连天骄彩色印刷有限公司印刷　　东北财经大学出版社发行

幅面尺寸：185mm×260mm　　字数：235千字　　印张：11.25
2024年5月第1版　　2024年5月第1次印刷

责任编辑：周　欢　　责任校对：何　力
封面设计：原　皓　　版式设计：原　皓

定价：32.00元

教学支持　售后服务　　联系电话：（0411）84710309

如有印装质量问题，请联系营销部：（0411）84710711

前言

随着互联网技术和电子商务的不断发展，网络直播已经发展成为新时代的新产业。2020年，人力资源和社会保障部等部门在“互联网营销师”职业下增设“直播销售员”工种，“带货主播”成为正式职业。2021年，《职业教育专业目录（2021年）》（2024年1月更新）在“电子商务类”中新增了“直播电商服务专业”。伴随着直播电商行业生态圈的逐步完善，企业对“直播+电商”人才的需求越来越大，职业院校师生和相关从业人员迫切需要一套系统、实用的直播电商教材和学材。

为适应“十四五”国家经济社会发展和2035年远景目标对职业教育的要求，推进“岗课赛证融通”的高技能人才培养模式，本教材根据直播电商课程的特征和相关岗位技能的要求进行编写。本教材联合当前主流直播电商平台，校企合作共同开发，充分体现岗位技能、通用技术、技能竞赛、行业证书等内容，加强岗课赛证融通，每个直播训练活动直接对接全国职业院校技能大赛（电子商务技能）或直播电商行业竞赛要求，同时覆盖1+X直播电商职业技能等级标准（初级、中级）中的内容。

本教材共有九个模块，前三个模块介绍了直播电商概述、直播团队的岗位设置、直播电商的前期准备，中间五个核心模块深入剖析了美食类、美妆类、服装类、家居家纺类、珠宝首饰类商品等五大品类商品的直播策略，最后一个模块介绍了直播效果评估与改进；每个模块包含若干个活动，并围绕“活动描述”“活动实施”“活动总结”“知识拓展”“案例赏析”等环节，全面揭秘“网红”主播的带货技巧，让读者快速掌握直播带货的核心技能，为实习和就业提供了一定的参考依据。

本教材适用于职业院校电子商务专业、市场营销专业及其他相关专业的教学，同时也能够作为从事电商直播工作的企业人员、创业人员的参考资料。对于学生而言，本书通过拆解的模块活动以及案例系统地讲解电商直播的具体步骤和细化流程，并以多样化的教学资源强化学生对直播电商的理解和实践。对于从业人员而言，本教材细化操作步骤和工作核心点，为从业人员提供足够的实践支撑。

本教材由大连市经济贸易学校牵头组织编写，庄姝担任主编，冯素敏和付愉担任副主编，王雅昕、郭萍、马英娜等参与编写，并完成数字资源的统筹与整理工作。

在编写过程中编者参阅了相关著作和部分网页资料，引用了一些直播电商的图片资料和数据，同时得到了大连维客创新科技有限公司雷军、大连半点流量传媒公司郭栋等行业专家的指导，在此一并表示感谢。

尽管本教材在编写过程中力求准确、完善，但书中难免有疏漏与不足之处，恳请广大读者和专家批评指正，以便在今后的修订中进一步完善。

编　者

2024年1月

目录

模块一

直播电商概述

目前，中国的直播电商发展迅速，成为电商行业的新热点。年轻人成为直播电商的主要用户群体，对于个性化的购物体验和娱乐化的购物方式非常感兴趣。同时，直播电商也为许多品牌和商家提供了新的销售渠道和商机，帮助其拓展市场、提高销售额。本模块将对直播解读——兴趣电商的基础了解、直播生态——直播的核心思维与底层逻辑两个活动进行讲解。

学习目标

【知识目标】

1. 了解直播电商的基础知识；
2. 了解电商直播的主要平台；
3. 了解兴趣电商的基础知识；
4. 了解电商直播的核心思维；
5. 了解常见的电商直播带货模式。

【技能目标】

1. 能够对直播电商有完整的认识；
2. 能够根据平台特征选择合适的直播平台；
3. 能够结合实例辨析常见直播带货模式的特点；
4. 能够依据直播带货模式特点、直播品类、主播特点等选择合适的直播带货模式。

【思政目标】

1. 具备良好的信息素养，能够合理地运用工具学习新知识；
2. 遵守法律法规、公序良俗、商业道德，坚持正确导向，弘扬社会主义核心价值观，营造良好网络生态。

活动一
直播解读——兴趣电商的基础了解

活动描述

姗姗是一名中职学生，对直播电商产生了浓厚的兴趣。作为一名初学者，她意识到了解直播电商的基础知识对于她的学习和发展非常重要。在开始学习之前，姗姗首先想了解什么是兴趣电商。对于姗姗来说，了解直播电商的概念和运作方式可以帮助她更好地规划专业学习的路径。通过选择自己感兴趣的领域或专业知识进行推广和销售，她可以将自己的兴趣转化为事业，实现个性化发展和创业梦想。

活动实施

1.认识直播电商

（1）电商直播与直播电商的概念

直播是指基于互联网，以视频、音频、图文等形式向公众持续发布实时信息的活动。电商直播是随着网络直播的产生而发展起来的，属于网络直播的一个分支。电商直播是以社交电商与直播为结合点，通过主播入驻平台，更丰富和生动地给平台/个人店铺做商品或品牌直播介绍及演示，与消费者互动并现场引导购买，实现“直播带货”的新型电商模式。

直播电商是“直播”与“电商”的结合，是基于信息网络技术，以直播的方式销售商品或者提供服务的经营活动。直播电商是数字化时代背景下直播与电商双向融合的产物，直播电商以直播为手段重构“人、货、场”三要素，但本质仍是电商。

直播电商是电商的一种形式，而电商直播是直播的一种内容，直播电商和电商直播都有电商属性。

（2）电商直播的发展历程

电商直播发展经历了以下五个阶段：

第一阶段：2016年，萌芽期。国内接连涌现出了300多家网络直播平台，直播用户数也快速增长。当绝大多数玩家都专注于游戏直播、娱乐直播的时候，蘑菇街第一个“吃螃蟹”，把直播引入了电商带货。2016年3月，蘑菇街直播购物功能上线。由此，蘑菇街逐渐成为一个“直播+内容+电商”平台。随着“电商直播”的概念落地，2016年被认为是电商直播的元年。

第二阶段：2016—2017年。各大电商平台先后入局，在蘑菇街开通直播功能两个月后，淘宝、京东直播功能上线。电商直播进入飞速发展的两年。

第三阶段：2018年。短视频平台纷纷加入直播带货行列，MCN（Multi-Channel Network，即多频道网络）等专业化服务商出现，电商直播行业开始专业化。

第四阶段：2019年行业规模爆发式增长，大量明星开始参与直播，电视台也加入了直播带货大军，几位头部主播成为家喻户晓的明星，电商直播成为全民热议话题。

第五阶段：2020年以后。行业进入规范期，电商直播成为风口，行业规范化政策法规相继出台。

2.了解主要电商直播平台

（1）淘宝直播

淘宝直播是阿里巴巴推出的直播平台，主要定位于“消费类直播”。用户可以在观看直播的同时，直接购买直播中展示的商品，这种模式使得淘宝直播成为购物与娱乐相结合的平台。淘宝直播涵盖的范畴非常广泛，包括但不限于母婴用品、美妆、潮搭、美食、运动健身等，为用户提供了丰富的消费选择和购物体验。2016年3月，淘宝直播开始试运营，初开直播功能就吸引了众多用户观看。淘宝是强电商属性，拥有丰富的商品品类，可以依托自身流量和外部平台流量作为流量分发的基数，且用户多以一二线城市居民为主，四五线下沉市场也有覆盖。淘宝通过建立直播入口，可以直接将货、人聚集在一个场景中，对于品牌而言，是理想的线上销售场景。但是其具有的强电商属性也意味着在该平台进行直播的品类十分丰富，这对于小众品牌商家来说不具备优势，流量主要集中在头部商家和主播。在淘宝直播中，内容的制作和主播的选择是提升流量的关键因素。

（2）京东直播

京东直播是京东推出的消费类直播平台，定位于“专业+电商”，以轻松、有趣的风格依托专业内容辅助用户做消费决策，让观众在专业主播的推荐下可以“边看边买”自己真正需要的正品好货。京东直播具有较强的电商属性，开设于2016年11月，用户基本上是为了购买产品而观看直播的，消费目的较强。由于京东用户多以男性群体为主，所以京东直播区别于其他电商直播在推销时“咆哮式”的直播方式，多以测评、实物展示为主。另外，京东直播没有代表性网红主播和商家，但其庞大的用户基础和京东电商全品类的电商优势，更倾向于采用爆款商家和主播联合的方式，以此吸引更多商家加盟。

（3）拼多多直播

拼多多直播上线于2020年1月。拼多多直播与淘宝直播和京东直播不同，它没有复制后两者的直播之路，而是以店铺直播为主。相比之下，拼多多直播是以商品为核心，鼓励商家运营好私域流量，为店铺服务。拼多多直播给商家提供“现金红包”营销工具，通过微信，可以引导观众转发给好友，邀请好友进入直播间，提高店铺的曝光度和人气。直播货品多以客单价较低的小商品、农产品或者地方特产为主，很接地气，也有一定的忠诚用户。

（4）快手直播

快手诞生于2011年3月。2012年11月，快手从纯粹的工具应用转型为短视频社区，成为用户记录和分享生产、生活的平台。2016年年初，快手上线直播功能；

2018年6月，快手内部开始测试“我的小店”功能，推出了“快手小店”，在视频和直播中嵌入淘宝、有赞等第三方电商平台；2019年6月，快手小店又相继接入了拼多多和京东。快手是最早做直播带货的平台之一，形成了特有的“老铁经济”，直播间流量相比其他内容平台更偏于私域流量；快手头部主播比较分散，直播带货以百元内低价商品为主，带货模式是达人直播、打榜、连麦等。快手在下沉市场的独特属性很利于商家拉新，是不少商家或品牌清理库存的渠道。

（5）抖音直播

抖音直播的前身是抖音短视频。抖音短视频于2016年9月份上线，主要提供短视频创作、分享和观看服务，用户可以在平台上发布15秒的短视频，内容涉及音乐、舞蹈、搞笑和美食等多个领域，深受年轻用户的喜爱。在短视频的基础上，抖音于2018年3月推出了直播功能，用户可以在平台上进行实时互动，与观众进行沟通交流，开启了抖音直播的发展历程。

随着社交直播的兴起，抖音直播迅速成为用户互动的新场所。2018年12月，抖音直播的日活跃用户突破了500万，成为全球最大的短视频和直播平台之一。抖音直播的快速发展得益于其优秀的技术创新和用户体验设计，平台为用户提供了多种互动方式，如打赏、送礼、连麦等，让用户在直播间内享受到更加丰富、多样和趣味的互动体验。目前，它是直播的首选，很多网络名人和明星都选择在抖音平台开设直播。

（6）微信直播

微信直播是指在微信平台上进行实时视频直播的功能。作为中国最流行的社交媒体应用之一，微信提供了一种便捷的方式让用户通过手机或其他设备进行直播活动。微信于2017年推出了公众号直播功能，使公众号管理员能够在公众号平台上进行直播活动；2019年，微信推出了小程序直播功能，允许开发者在小程序内进行直播活动，用户可以通过扫描二维码或搜索小程序名称进入直播间观看直播；微信在2020年推出了个人直播功能，用户可以使用个人微信账号，在微信平台上进行直播；微信在2021年对直播功能进行了升级和优化，同时，微信直播也成为商家和品牌推广和销售的重要渠道之一，通过直播带货等方式吸引消费者，并为商家提供更多的营销机会。

（7）小红书直播

小红书是一个以年轻女性为主要用户群体，以分享、互动、购物和品牌营销为主要特点的社交平台。小红书于2020年年初推出了直播功能。小红书直播平台上的内容多样且真实，涵盖了时尚、美妆、旅行、美食等多个领域。小红书作为一线女性用户聚集地，用户人群和商品具有天然适配性，用户通过笔记进行种草，再直播进行转化，实现从种草到拔草的转换。相比于抖音直播热闹的场景，小红书直播间相对理性，这也使小红书直播具备高客单价、高转化率和高复购率的特点。小红书直播分为两种形式：一种是找达人带货直播；另一种是品牌号自播，从目前直播销售额来看，达人带货直播是主流，企业自播也逐渐成长起来。

3.认识兴趣电商

（1）兴趣电商的定义

所谓的兴趣电商，是以抖音为代表的电商模式。2021年4月8日，抖音电商首届生态大会在广州举行。抖音电商总裁在主题演讲中，首次阐释了“兴趣电商”的概念，即一种基于人们对美好生活的向往，满足用户潜在购物兴趣，提升消费者生活品质的电商。他表示，抖音有良好的内容生态、众多优质创作者、多元化用户和较为成熟的兴趣推荐技术，有很大机会做好兴趣电商。

兴趣电商的核心是，主动帮助用户发现其潜在的需求。

兴趣电商其实有点像逛街。早期大众消费时代，大家是需要什么买什么；后来大家的生活富裕了，出现了很多购物中心、精品店。大家去逛街时，也没有什么特别明确的需求，就是看到什么喜欢就买。

（2）兴趣电商的优势

①人流量的体积庞大。做电商，有流量未必成功，没有流量则一定不能成功。而抖音上有6亿活跃用户，其中有较多年轻用户，这部分用户是新消费人群的主力军，他们在消费观念、消费习惯和消费兴趣都与上一代人有着极其明显的区别。他们的需求更多的是“悦己”型，即一定要让自己开心，满足自我兴趣。所以，抖音平台每月超2亿条短视频、超900万场电商直播内容，足以让他们主动实现变现。

②用户消费习惯发生改变。越来越多的用户从线下购物发展为线上（淘宝、京东等）购物，再演变成现在的抖音购物。这是因为，用户看到有趣的直播或者短视频时，不仅能够听到、看到商品的优势，还可以还原真实的使用场景，这在很大限度上激发了用户对商品的兴趣，并最终促成明确的购买需求，慢慢地用户就会在抖音端内搜商品。

③商品和用户匹配率得到提高。“人货匹配”有很多种模式，对于商家而言，哪一种方式效率更高、更能持续，商家就会青睐于哪一种。而兴趣电商天然就是一个去中心化的结构，这和传统电商中心化的流量分发策略不同，它能将商品特性和用户兴趣及需求进行有效匹配，从而帮助商家快速找到属于自己的受众。

④兴趣电商是数字商业链条再整合的过程。电商是一条讲究综合实力的赛道，需要一个完善的生态支撑，其模式才能长久持续，而抖音作为兴趣电商，它包含供应商、品牌商、MCN、服务商、达人和消费者，是一个物流、信息流、资金流集合的综合体。

（3）“传统电商”与“兴趣电商”的区别

传统电商的内在逻辑是“用户需要什么就提供什么”。比如，有人需要买一台微波炉，就会在各大电商网站，如淘宝、京东、拼多多等电商平台搜索，在各大平台中选择一款最适合自己的产品。这种购物模式是需求带动消费，要什么就买什么。

相较于传统电商满足用户的“现实需求”，兴趣电商则是解决用户的“潜在需求”，通过捕捉消费者的兴趣推荐商品，让消费者为兴趣买单。还是拿购买微波炉举例，在传统电商平台购物，搜索出来的类目只有微波炉。但是在抖音，“兴趣电商”购物则会关注消费者除了微波炉之外会不会还需要一个烤箱、一个空气炸锅。再比如，刚买房的人除了需要装修房子，同时也关注如何去除甲醛。这时候“兴趣电商”就可以适当推荐一些去除甲醛的产品。“兴趣电商”把握的正是传统电商错过的“潜在需求”。

活动总结

____

____

____

请你利用所学习的知识，进一步比较主流直播平台的特征，为姗姗初步筛选出相对适用的直播平台。

活动二
直播生态——直播的核心思维与底层逻辑

活动描述

当姗姗开始学习直播电商后，她渴望更深入地了解直播带货的核心思维与常见模式。这对于姗姗来说至关重要，因为有助于她下一步选择合适的直播带货模式。

活动实施

1. 了解直播的核心思维

直播带货讲究“人、货、场”三要素，是围绕消费者需求对“人、货、场”的重构，依靠主播，紧密连接了消费者与商家。直播电商能够为消费者提供更为直观的现场体验和具有社交属性的即时互动；主播及团队凭借专业能力帮助用户选品，凭借粉丝流量优势向品牌商获取低价优惠，并依托粉丝互动、限量秒杀等方法，激发消费者的购物欲望并引导消费者迅速下单。

直播电商为商家提供了更为直接、高效的商品信息触达渠道，极大地减少中间环节和降低运营成本。直播带货的商业模式主要涉及主播、粉丝（用户）以及品牌商家三方。

直播观众一方面在享受直播内容的同时会对主播进行一定金额的自愿打赏，另一方面则通过购买品牌方产品，为主播带来销售佣金收入。在主播获得打赏或佣金收入的同时，品牌主通过主播推荐不仅打开了产品的销量，也帮助产品进一步打造了品牌。

直播带货在本质上就是围绕以下三个要素来展开的：

（1）直播带货的“人”

直播带货的“人”通常指的是主播，是指通过电子商务平台直播售货的方式，进行商品信息展示、商品销售及相关服务的直播人员。主播是连接用户和商品的纽带，是流量的入口，也是商品的出口，能够利用自身的优势（如外表、技能、口才和风格等）和优秀的销售能力促成交易，将粉丝转变为实际的消费者。目前，在各大电商直播平台，主播的知名度和受欢迎程度的分化非常明显，拥有顶级流量的头部带货主播很少。他们往往作为外部主播帮助各大店铺提高关注度和品牌黏性，把自己的一部分粉丝转化为店铺的固定流量，提升商品的转化率和复购率。直播带货的"人"正在数字化和媒体化。

（2）直播带货的"货"

与其他销售方式相比，直播带货利用消费者普遍具有的从众和物以稀为贵等消费心理，以高性价比和限时、限量为主要卖点，刺激其产生消费冲动。随着直播带货的普及，各大电商直播平台直播出售的商品种类（如家居、美妆、服饰和数码产品等）日益丰富，线上曝光度和渗透率也得到了大幅提升。直播带货的"货"正在内容化。

（3）直播带货的"场"

"场"的本质是信息流、资金流和物流的组合。直播电商的场景聚集性较强，运营成本低，不受时间和空间限制，通过平台提供的多样化场景，为消费者带来更优质的购物体验。拥有线下实体店的商家可以将线下店作为直播场景进行直播带货。拥有网上店铺的商家，通过外部链接导流到店铺和直播间，能进一步拓展直播带货的"场"。直播平台并不是只能选择某一个平台，在资源较多的情况下多个平台同时开播，可以达到一场直播在多个渠道进行分发的效果。直播带货的"场"正在全渠道化。

2.认识并选择直播带货模式

（1）直播带货的常见模式

直播带货有很多模式，归纳起来主要有以下几种：

①达人模式

所谓达人模式，就是直播达人把自己打造成为某个领域的KOL（Key Opinion Leader，即关键意见领袖，通常被定义为：拥有更多、更准确的产品信息，且为相关群体所接受或信任，并对该群体的购买行为有较大影响力的人），进行顾问式导购、严选带货的带货模式。消费者信任直播达人在某个领域的专业度，从而信任直播达人推荐的商品。

②秒杀模式

所谓秒杀模式，就是直播间拥有大量粉丝时，直播团队与品牌商议价，获得比其他电商平台或商家更大的优惠力度，营造直播间粉丝疯抢的带货模式。这种模式在为品牌商带来巨大销量的同时，也为粉丝带来了低价的实惠感和被主播重视的福利感。秒杀模式是最为常见的一种直播带货模式，尤其是在"双11""618"等大促活动期间。

③店铺模式

所谓店铺模式，通常是指商家以自己的网店为基础，通过自播的方式介绍店铺商品的带货模式。采用店铺模式，用户能够更加清晰地看到商品的讲解，可以更直接地和主播进行沟通，能明显地提升店铺下单的转化率。

④基地走播模式

所谓基地走播模式，通常是指由供应链企业构建直播基地，吸引知名主播到基地开直播，在现有产业基地基础上拓宽直播销售渠道的直播模式。目前，这种模式较为流行，全国各地都建有基于某商品链的直播基地。

⑤产地直播模式

所谓产地直播模式，是指主播到商品的原产地进行直播的模式。这种模式的优势是能够展现商品的“正宗”感，强化原产地的卖点，更能增强消费者的信任度。

⑥海外代购模式

所谓海外代购模式，通常是指代购人员在海外直播给消费者看自己逛商店的过程，实现带货的模式。如何让消费者相信你真的在海外？直播是一种非常理想的展现方式，用主播的镜头带着消费者在海外逛街购物，能大大增强现场感和可信度。

⑦砍价模式

所谓砍价模式，通常是指主播帮消费者向卖家砍价，砍到满意的价格后促使消费者下单的模式。这种模式有一定的表演成分，主播扮演的是一个买手的角色，直播间的观众数量就是主播砍价的筹码。观众通过直播见证整个砍价的过程，优惠的价格是观众下单的重要理由。这种模式具有煽动性，适合能言善辩的主播。

（2）直播带货模式的选择

无论在哪个平台上进行直播带货，都需要选择相应的直播带货模式。在选择直播带货模式时，除了考虑直播平台本身的特征，还要考虑直播带货模式本身的特点、直播品类以及主播的特点等。为了吸引观众观看直播，直播运营团队需要根据实际情况选择比较具有看点的直播带货模式。一般可以从主播人员和直播品类两个维度来考虑，见表1-1。

表 1-1　　常见直播带货模式的主播人员、适用品类的对比

直播带货模式	主播人员	适用品类
达人模式	名气较高的头部主播、网红等	全品类
秒杀模式	不限	全品类，以低价商品为主
店铺模式	品牌总裁、柜台销售人员等	全品类
基地走播模式	知名主播等	基地优势商品
产地直播模式	普通农民或当地政府的领导代表等	农特产品等
海外代购模式	代购人员	全品类，以国际知名品牌、口碑商品为主
砍价模式	能言善辩的主播	全品类

活动总结

姗姗开始学习直播电商以后，计划以自己家乡特产——大连樱桃为主要商品来

开启直播带货的第一次尝试。请你利用所学知识，帮助姗姗选择适合她直播带货模式。

____

____

____

案例赏析1-1

无人直播间成新宠！AI数字人主播24小时带货，真人主播如何突围？

随着直播带货的兴起，越来越多的人开始尝试成为主播。然而，最近出现了一种新型主播——数字人主播，以24小时不间断带货的方式，让AI再次“抢”了真人主播的饭碗。

据统计，目前国内已有多家互联网公司推出了数字人主播产品，其中包括小红书、淘宝直播、京东直播、抖音等平台。这些数字人主播不仅能够进行智能推荐和互动，还可以根据用户喜好进行个性化定制。数字直播间如图1-1所示。

图1-1　数字直播间

与真人主播相比，数字人主播的优势在于24小时不间断带货。由于不需要休息，数字人主播可以保持高效率的工作状态，每天可以带货数百万元甚至上亿元。而真人主播则需要考虑身体状况和疲劳程度，无法保证每天都能保持高效率。

除了效率优势，数字人主播还具有成本低廉的优势。相比起真人主播的高昂薪资和培训费用，数字人主播只需要进行简单的编程和维护即可实现上线。此外，数字人主播还可以随时更换服装和化妆风格，满足不同用户的需求。

虽然数字人主播的出现给直播行业带来了新的竞争格局，但真人主播仍然有自己的市场空间。真人主播可以通过提供更加真实、个性化的服务来吸引用户，例如与用户进行面对面交流、分享个人经验等。此外，真人主播还可以借助社交媒体等渠道扩大影响力，提高知名度和增加粉丝数量。

总的来说，数字人主播的出现既是一种挑战也是一种机遇。对于直播行业来说，只有不断创新和提高服务质量，才能在激烈的市场竞争中立于不败之地。让我们拭目以待，看一看谁将成为未来直播带货的主角。

资料来源：根据百度2023-06-03相关资料整理得来。

知识拓展1-1

直播选品有何底层逻辑？

1.直播选品四大维度：品牌+产品+价格+用户

直播带货中，并不是所有的产品都能进入直播间。

许多商家透露，部分顶流主播的选品率一般不超过5%。主播往往会形成自己比较固定的选品配比，交个朋友CEO就曾在采访中总结出老罗带货直播间的一个选品规律：食品在一场直播中占30%左右，日化、日用百货占到30%左右，数码家电占20%，新奇特产品占20%。

究其底层逻辑，主播在选品时，通常会考虑四个维度：品牌、产品、价格、用户，并根据直播节奏，安排产品上播顺序，最终确定引流品、畅销品、利润品、特色品等品类。

在品牌层面挑选时，主播通常会考虑品牌知名度、品牌产地、品牌供应链三方面。高知名度品牌可提升直播间声誉并起到引流的效果；如水果等带有地域特色的产品往往会因为产地而影响质量；完善的品牌供应链则是确保产品从售前到售后流畅运作的基础保障。

从产品层面看，在标品、非标品两个大范围下，主播往往希望自己的直播间内有着更为丰富多样的产品组合。比如同一场直播里，同时包含着新品、热销品、库存品：新品可作为特色品存在；热销品作为利润品；库存品则是充当低价引流的钩子产品。随着产业的逐渐成熟，主播专业度的提高，高单价、低复购的非标品类在直播带货中逐步增多。比如昂贵的珠宝首饰类商品翡翠，在直播产业中已经成为一个不容小觑的亿元级市场。

从价格层面看，低价是公认的最佳引流方式；主播往往希望利用价格差或者更大的优惠力度来吸引用户，除此以外还可能采用赠品、大礼包等形式。

从用户层面看，主播在推荐产品时，会有刚需产品、非刚需产品的差别，还会根据自己粉丝的用户画像、使用场景、消费能力、兴趣爱好等进行选品。

2.主播影响力、品牌成熟度对直播卖货的品效影响大为不同

对于不同影响力的主播、不同成熟度的品牌，直播带货在品效两方面的差异非常大，主要可以分为四个区间：

品效爆棚=高知名度/社交热度+头部主播，比如某头部主播+完美日记；有品增效=知名度/社交热度较低+头部主播，比如某头部主播推荐的网红爆品；有品无效=知名度/社交热度较低+员工/导购/尾部主播，比如商场导购直播；品效兼优=高知名度/社交热度+中腰部主播，比如李子柒螺蛳粉+美刻美食（淘宝直播，粉丝数：

6.48万），GMV（Gross Merchandise Volume，商品交易总额）超30万元。

3.直播电商“货”的未来发展趋势

直播电商正处于高速发展阶段，主播或是用户对于“货”的选择也越发挑剔。

未来，直播电商中的“货”将呈现以下趋势：

（1）万物皆可直播，非标品渗透率逐渐提高

直播电商的发展打破了我们对产品的刻板观念，如汽车、房产等以往只能在线下销售的品类也拥有了更多可能。

（2）货品规范化，主播形成自己的选品策略

随着行业的不断成熟，各地政府推出相关扶持及规范化文件，包括“货”在内的各个方面都将得到规范化发展。如今，集中拥有资源的头部主播都已经形成独有的选品方法论，这对中小主播来说，也将是一种示范作用。

（3）品效协同，产品进入直播间前更加理性

主播和产品在进行双向选择。品牌经过前期试水，对直播带货带来的品效影响有了更直观的感受，对于直播间的选择将会更加理性，这在一定程度上也起着对行业的正向促进作用。

案例赏析1-2

淘宝要把直播间开到田间地头

1.淘宝全力投入产业带直播

2022年年初，淘宝直播把“产业带”确定为未来核心市场，认为来自产业源头的好货、低价格，能充分满足大众消费者的需求。

而后淘宝直播立下“军令状”，要在全国重点产业带培育10万个直播账号、20万新主播、1 000个百万直播间、500个千万直播间，扶持计划将覆盖全国50+产业带。

2023年8月8日，淘宝直播产业带扶持计划正式落地江西。该计划已覆盖全国22个核心产业带，涉及服装、珠宝首饰类商品、鲜花等品类。这次在江西，淘宝直播宣布将在8—9月围绕南昌本地产业带商家，开展为期两个月的专项直播促销活动。

其中一个典型的案例就是在江西景德镇产业带，淘宝直播小店“老板娘的茶生活”通过直播讲解茶文化、介绍精美瓷器，入淘一个月成交额就突破百万元。

2.到源头去，连接供需两端

2023年3月，淘宝直播推出了《源头奇遇记》系列纪录片，专门深入产业带探寻服饰、珠宝首饰类商品等产品的源头。这档纪录片为直播电商的新增长提供了思路：用平台优势赋能各个产业带上的商家和主播，重塑“人、货、场”势能。

据统计，作为世界工厂，我国拥有200多个特色产业带，这些产业带聚集着原材料、上下游配件、工厂等丰富资源，以及大量懂技术、懂工艺的人员，拥有巨大产能和价格优势。然而，它们受制于销售渠道和地理位置，长期作为物美价廉的批发供应源头服务于B端，并不为大众消费者所知。

淘宝直播的作用则是在产业带和C端架起桥梁，绕开中间商。具体的模式也不复杂，就是在产业带区域内搭建服务商体系，再依靠服务商体系去帮助本地商家带货。

对于产业带商家而言，淘宝直播带来了一个直接面向消费者的线上渠道，不再受制于空间限制，也为往后的日常销售带来了新的增长机遇。

而对于消费者而言，“没有中间商赚差价”自然也是求之不得。与此同时，产业带商家能够提供远多于品牌商家的SKU（SKU是“Stock Keeping Unit”的缩写，中文意思是“库存量单位”，每个SKU都对应着一个特定的商品，用于在库存管理、订单处理和销售报告等方面进行跟踪和识别），满足更加多元化的需求。

3. 产业带溯源直播，彰显电商价值

除了如火如荼进行着的淘宝产业带直播以外，我们也看到有越来越多的平台开始深入产业带当中，为了新增长，也为了自我价值的实现。

比如抖音电商很早之前就推出了“山货上头条”系列直播活动，邀请众多新农人在家乡的农业产业带直播，将各地的特色优质农产品推广开来。

一些头部主播也积极参与产业带的溯源直播当中，比如东方甄选环游全国各地的专场直播、疯狂小杨哥的“援疆行”等。

不仅仅是这些我们熟知的直播电商平台，一些在产业带有自己优势资源的平台也加入溯源直播当中。

比如2023年6月，顺丰利用自身在生鲜领域的运输优势，在微信小程序进行了一系列在产业带就地取景的直播，带货广西的红心火龙果、蒲江的红心猕猴桃、广东的龙眼、甘肃的蜜瓜、山东的油桃等。

“美团买菜”还在北京平谷的桃园采摘现场进行了专场直播，万张鲜桃券上线即被抢光……

可以看到，无论是工业产业带还是农业产业带，如今都在加快“直播电商化”的进程，各电商平台也在积极谋求自身价值的实现。

资料来源：根据百度APP电商报2023-08-11相关报道整理得来。

思考题

1. 选择两个你感兴趣的直播平台，分别进入3个直播间，按自己的喜好分别观看3个以上的直播，从电商直播平台、直播间名称、爆款商品、观看粉丝量、直播场景特色等维度进行比较，并将结果记录到表1-2中。

表1-2　电商直播平台的直播间信息

电商直播平台	直播间名称	爆款商品	观看粉丝量	直播场景特色

2.通过分析常见的直播带货模式，到两个不同的直播间观看他们的直播或直播回放，分析直播间的带货模式、主播特点及直播品类，总结整场直播给你印象最深刻的地方，将结果记录在表1-3中。

表1-3 直播观看分析记录

两则直播	直播带货模式	主播特点	直播品类	印象最深刻的地方

模块二

直播团队的岗位设置

进行直播之前，要先进行直播团队的组建。在直播中大致需要主播、副播（助播）、场控、直播运营、视频运用、客服（售后）、选品等角色，也可以根据直播中出现的具体情况进行岗位设置调整和安排。本模块将按照团队打造、团队管理、团队成长三个内容进行讲解。

学习目标

【知识目标】

1. 了解直播整个过程所需要的人员设置；
2. 了解直播团队的运营方法和成长方法。

【技能目标】

1. 能够建立符合直播内容的团队；
2. 能够根据具体情境对团队进行初步管理和运营。

【思政目标】

1. 培养学生团队意识；
2. 树立诚信经营的理念；
3. 树立合作理念，培养大局意识，在直播过程中，要懂得将团队利益放在首位，学会在团队中互相包容。

活动一
团队打造——分工明确、权责清晰

活动描述

王月是一名中职电子商务专业的毕业生。毕业后，她希望通过直播将家乡的苹果卖到全国各地。她知道，要想顺利地把家乡的苹果卖出去，仅凭她个人的力量，可谓是孤掌难鸣，因此，她希望和志同道合的伙伴们一起组建一个直播团队。

我们该如何帮助王月呢？直播团队该如何打造呢？直播团队具体都有哪些岗位呢？岗位分工又是什么？直播中每个岗位的具体职责分别是什么呢？

活动实施

直播间不是一座孤岛，每场直播背后都有一个团队在支持运作。对新手商家来说，搭建一支高效直播团队，培养适合产品的优秀主播，是主播快速成长的关键。下面将介绍如何搭建高效直播团队。

1.直播电商运营的四个“硬实力”

对抖音电商商家来说，流量可以通过购买等方式获取，流量的留存和转化则需要“硬实力”承接。商家运营的“硬实力”主要指产品、短视频、直播间、推广四个方面的运营能力。

（1）产品：指选品的能力。以主播为核心，借助电商数据选择适合直播间的爆款。

（2）短视频：指短视频内容创造能力。优质短视频可以起到引流和黏粉的效果。

（3）直播间：直播间运营能力。短视频和直播并重，强主播、强产品、专注提升GMV，进行精细化运营。

（4）推广：低成本流量获取能力。

2.高效直播运营团队的搭建

直播的顺利进行需要直播各环节的良好衔接和准备，以实现流畅的配合和快速反应，最终形成一支高效、敏捷的直播电商运营团队。

直播间各环节标准人员配置为：主播、副播、中控、场控。以下以服饰行业为例，从人才特质、能力要求、工作内容三个维度看直播团队对岗位的需求和工作要求，见表2-1。

表 2-1　　直播团队的搭建设置

岗位	作用	人才特质和能力的要求	主要工作内容
主播	直播间的“火车头”	①有人设：符合短视频账号人设，形象佳； ②懂产品：熟悉卖点、会搭配，懂货也懂行业，话术到位； ③擅长表达：状态激情、语言表达能力强，能控场带节奏，有一定号召力； ④稳定性强：抗压能力强，心态稳定，与公司强关联、合作稳定	①主导或参与直播间选款，讨论卖点； ②主导或参与直播间玩法的策划； ③主导整场直播执行； ④主导或参与团队复盘、优化； ⑤参与短视频拍摄
副播	主播的“闺蜜”	①直播时的灵敏度、激情度和与主播的配合度； ②对产品的熟悉度、产品销售能力	①直播节奏辅助：自造噱头/提问，与秒杀促单配合，气氛烘托，敏感词屏控，针对观众对商品卖点、尺码等问题进行解答，主播离席补位，黑粉差评紧急处理； ②协助直播间规则说明及操作：规则说明，领取优惠券提示，下单支付操作指导，执行抽奖等； ③规则说明和操作内容需要多次重复，在副播做解释时，主播可以稍事休息或查看观众留言，为下一轮带货做准备； ④播品准备：播品排序，过款产品布置，促单道具准备，随时待命； ⑤直播后参与短视频拍摄
中控	数据运营	①直播间玩转“抢购”氛围的重要岗位； ②熟悉产品； ③熟练表格、直播间后台操作	①操作直播中控台：上架商品，福利款评论抽奖送礼，发放优惠券信息； ②配合主播加减库存：喊库存声量要洪亮、不拖沓，间隔及次数视情况而定； ③及时回应主播：对主播的实时提问要快速反应及回复，防止冷场
场控	直播间“教练”	①公司核心骨干，有主人翁精神； ②有运营经验，熟悉平台规则； ③熟悉产品，了解行业； ④具备数据分析能力、统筹协调能力、团队管理能力	①主导或参与直播间选款、卖点讨论； ②主导或参与直播玩法策划：直播流程、话术、活动等； ③协调推广、客服等各岗位，配合正常直播执行； ④主导或参与团队复盘、优化； ⑤参与短视频拍摄

3.团队协作

主播、副播、中控、场控需要在直播前、中、后紧密协作，才能形成一支高效的直播运营团队。

活动总结

请你利用所学习的知识，在班级内部，通过“招兵买马”的形式，组建直播团队。

活动二 团队管理——明确规范、考核和合作

活动描述

王月在学习了很多直播团队的组建方法之后，顺利组建了自己的直播团队，但是面对亦友亦同事的团队小伙伴，王月又有了新的苦恼。如何管理团队成员，如何对直播的每个岗位进行考核，又将是王月面临的新挑战。

活动实施

电商直播已经成为电商行业的一大趋势，越来越多的电商企业开始重视直播业务的发展。而电商直播部门的考核标准也成为企业管理者关注的焦点。那么，电商直播部门的考核标准应该是什么呢？

1.直播销售

直播销售额是电商直播部门最重要的考核指标之一。直播销售额的高低直接反映了主播的销售能力和直播部门的运营能力。因此，企业管理者应该设定合理的销售目标，并对直播销售额进行定期考核和评估。

2.直播观看人数

直播观看人数也是电商直播部门的重要考核指标之一。观看人数的多少直接反映了主播的影响力和直播部门的推广能力。因此，企业管理者应该注重直播观看人数的提升，并对直播观看人数进行定期考核和评估。

3.直播互动率

直播互动率是电商直播部门的另一个重要考核指标。直播互动率的高低直接反映了主播的互动能力和直播部门的运营能力。

随着直播行业的迅猛发展，越来越多的企业和个人都加入直播的大军中。然而，直播并非只是简单地摆摄像头，开启直播间，就可以得到观众的青睐。直播的

成功离不开一个高效的运营团队。那么，如何打造一支高效的直播运营团队呢？下面就为大家分享一些成功的案例。

知识拓展2-1

一站式短视频运营服务

一站式短视频运营服务包括策划文案、视频拍摄、剪辑制作、运营推广等。

一、团队结构

直播运营团队的结构应该是由几个层次组成的。首先是团队领导，负责整个团队的管理和运营策略的制定；其次是运营经理，负责具体的运营工作，包括制订运营计划、策划活动、管理直播间等；再次是运营专员，负责具体的运营工作，如直播间的管理、礼物的管理等；最后是运营助理，主要协助运营专员完成日常的工作。

二、团队能力

团队能力是直播运营团队成功的关键。团队应该具备以下几个方面的能力。

1. 策划能力

团队应该具备一定的策划能力，能够根据公司的要求和市场的需求，制定出具有创新性和实用性的运营策略。

2. 执行能力

团队应该具备很强的执行能力，能够快速、准确地完成各项任务。

3. 沟通能力

团队成员之间应该具备良好的沟通能力，能够及时、准确地传达信息，避免出现误解，产生矛盾。

4. 团队协作能力

团队成员之间应该具备良好的协作能力，能够相互配合，共同完成任务。

三、团队文化

团队文化是直播运营团队成功的重要因素。团队应该有明确的价值观和理念，能够形成一种共同的文化氛围。比如，团队应该秉持诚信、专业、创新、共享的价值观，营造出积极向上、团结互助的文化氛围。

活动总结

请你利用所学知识，帮助王月，为她的直播团队制定一份详细的直播团队成员考核规范吧！

____

____

____

活动三
团队成长——搭建高效能的运营团队

活动描述

王月的直播团队真正开始上岗了。在上岗之前，王月不得不思考如何将自己的团队变成一支高效的团队，每个岗位各司其职，尽最大可能发挥每位成员的力量，让她的“苹果”火起来呢？

活动实施

直播带货很火而且很能赚钱，相信大家都知道。那么，直播带货的团队架构是怎么样的，需要哪些岗位？

1.一个完整成熟的直播带货团队

（1）主播

在直播间观众最先看到的是谁？当然是主播，主播是核心人物，尤其是人设较强的账号。只要他们在直播间，人气都会暴涨。

主播相当于主持人，熟悉并介绍商品优点、把控节奏、与粉丝互动并答疑、介绍活动以及测品（试吃、试穿、试用）等，同时还需要掌握一定的销售技巧，比如要敢于逼单、会逼单。

（2）副播

副播工作主要是协助主播进行直播，帮助主播做场控，比如在主播因不知道讲什么而冷场的时候，可以帮腔搭话、制造氛围。例如，强调商品只剩下×××件，再不买就没了。

副播也可以是商家（品牌方）老板。如有的专场，会邀请商家的负责人来直播间进行配合，讲解一些产品的专业知识，和主播一起进行直播。

（3）助理

助理负责配合直播间内各种琐事，比如传递接下来售卖的商品；准备直播过程需要的道具、优惠卡片、手稿；给主播提示等。很多时候助理也起到副播的作用，小的直播间不需要助理。

（4）选品

选品主要负责产品的筛选，比如什么品好卖，容易爆单，助理在全网商品中进行调研、比价，完成产品信息的采集。选品帮助主播把关商品质量、预判热度，选出能够打动消费者的产品。这个岗位需要有很强的专业知识，类似传统行业的采购岗。这个工作需要各种试吃、试穿、试玩等，如做食品的选品每天要尝试十几款商品，有时还要去实地考察，实际很辛苦。

（5）招商

如果是达人端，招商主要负责对接供应链、联系商家合作，根据选品团队挑选出来的类目、产品，想办法拿到优质且高佣金的商品。比如跟进样品和赠品进度、优惠形式、优惠链接、商品库存等具体执行事务。同时把控产品质量（杜绝假货和伪劣产品），建立起优质的供应链。

如果是大主播，会有不少商家主动找上门合作，招商还有更强的议价能力，只需要负责筛品、把控质量。

如果是小主播，招商则需要想办法多渠道联系商家，宣传自己的团队、直播案例（数据），建立品牌合作。

（6）直播运营

直播运营的角色非常重要，相当于在摄制中导演的角色。直播运营主要负责整场直播的运营，包括直播玩法设计（活动策划、利益点、营销点、秒杀等）、产品的组合销售、直播商品排款、直播的流程与脚本、主播的问题调整、直播场控（屏蔽关键词、授权管理员安排等）、广告投放等，下播之后做直播复盘等。直播运营是统筹性的工作，可以说是直播间的负责人。

（7）中控运营

中控运营的岗位非常重要。它有两个入口：达人端、商家端。达人端登录，在直播过程中可以利用"巨量百应"这个平台控制直播，比如直播商品管理（上架、下架、调整库存），添加讲解商品、改价、直播间实时数据查看、设置优惠券、成交详情查看、订单明细查看等操作。一般大型、成规模的直播间才需要这个岗位，中小型直播间由直播运营操作。

（8）小店运营

如果有自己的小店且商品很多，则需要专人负责小店运营；如果商品不多，则可以由直播运营、中控运营来完成。

（9）内容运营

内容运营主要负责直播账号的运营，比如账号日常内容更新、直播预热视频推送、直播间切片视频等，目的是进行账号运营、粉丝运营、数据分析，通过短视频给直播间引流。

（10）编导

编导主要负责账号内容定位、内容调性、编写脚本，把控剧本策划，构思故事情节，满足受众要求，内容引发共鸣，台词设计符合角色性格等。

（11）拍摄

拍摄主要负责根据脚本设计分镜头、布光及把控拍摄整个过程，以及进行日常商品图片的拍摄。

（12）剪辑

剪辑主要负责账号的短视频制作，视频拍完之后，根据剧本要求，对短视频内容进行剪辑、加特效等。

（13）设计

设计主要负责商品主图、详情图的制作，以及宣传海报、活动海报的设计等（预算充足时可以再招聘一个文案，负责提炼的产品卖点，做活动文案）。

（14）数据运营

数据运营主要负责商业广告投放（DOU+、Feed流、巨量千川），也称为“投手”，分析每场直播的数据，根据数据给出对直播间的优化建议。一般大型、成规模的直播间才需要这个岗位，中小型直播间由直播运营操作。

（15）导播

导播主要负责直播前直播间设备调试，需要熟悉直播流程、摄像机和灯光的布局，以及现场各机位的调度，在直播过程中保障视频信号画面的稳定，监控播出设备的状态，直播产生突发状况时组织应急，确保安全播出。

（16）客服

客服主要负责粉丝的咨询解答：一是在直播间公屏解答，活跃直播间的气氛，引导粉丝关注、下单；二是在后台，处理各种售前、售后问题。

以上岗位组成一个比较完整、有规模的直播团队架构，适合于大主播、大商家自播，比如单场直播GMV超过100万的。如果小主播、中小商家自播，前期不需要那么多岗位，后期缺少什么岗位人员可以另行招聘。

2.初创企业如何搭建直播带货团队？

大多数企业是不具备（或者没必要具备）以上这么齐全的团队配置的（光是发工资就是个大问题）。对于中小企业、小主播团队，给出以下4种团队架构作为参考，可根据公司的预算和规模来设置。

（1）旗舰版

主播1人、副播1人、直播运营1人、内容运营1人、拍摄剪辑1人、招商选品1人、客服1人。先把各个岗位配置好，然后灵活调动，哪一块忙不过来，就往哪个位置协调。

（2）标配版

主播1人、副播1人、直播运营1人，负责直播相关的所有事情；内容运营1人，负责账号内容日常输出，包括脚本、拍摄、剪辑、运营等。

（3）简配版

主播1人、运营1人。有直播的时候一起直播，没有直播的时候一起做内容输出等。

（4）全能版

自己账号的内容编写、拍摄、剪辑、运营、开播、选品、客服等，一个人全包了。

活动总结

请你利用所学知识，为你的直播团队成员分配角色，让你的团队高效运作起来吧！

案例赏析2-1

直播团队建设成功案例

如何打造一支高效的直播运营团队呢？下面就为大家分享一些成功的案例。

1.花椒直播

花椒直播是一家国内知名的互联网直播平台，其成功的关键在于团队的能力和文化。团队成员之间相互信任、互相支持，能够快速、准确地完成各项任务。同时，花椒直播还注重团队文化的营造，通过丰富的员工福利、团队建设活动等方式，增强团队凝聚力和向心力。

2.映客直播

映客直播是一家中国领先的移动直播平台，其成功的关键在于团队的高效执行能力。团队成员之间能够快速、准确地完成各项任务，同时注重数据分析和市场调研，不断优化运营策略，提高直播间的用户黏性和收益。

总之，打造一支高效的直播运营团队不是一件容易的事情，需要团队成员之间的良好协作的能力和共同合作的文化氛围。只有这样，才能在激烈的竞争中获得成功。

思考题

1.主播需要具备哪些特点和才能？

2.在小组成员进行直播团队角色分配时，需要考虑哪些因素？

3.如何很好地发挥每一位团队成员的优势？

模块三

直播电商的前期准备

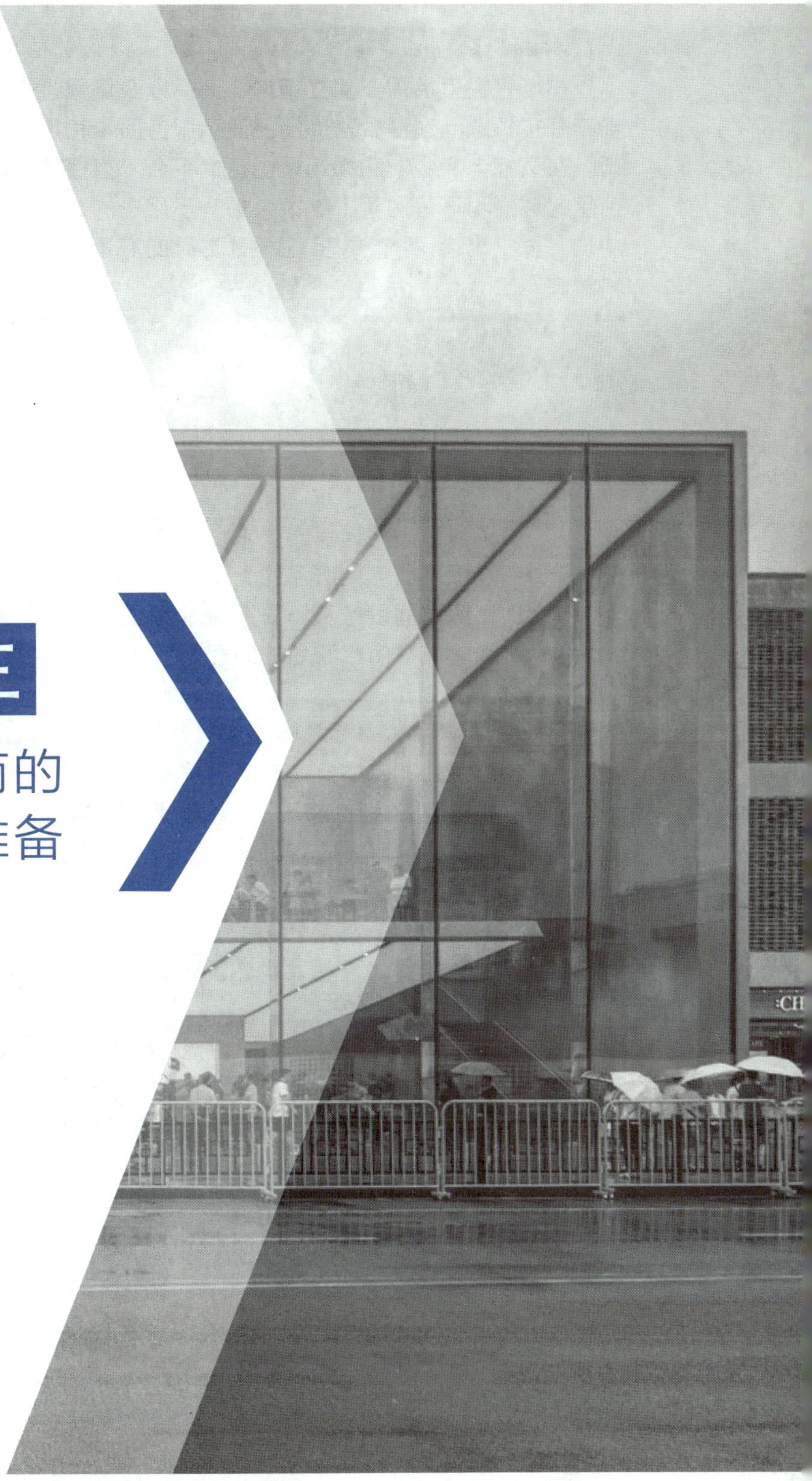

一场好的直播需要建立用户、商品以及场景之间的联系，其流量价值的转化离不开主播选品过程中对商品品质、服务质量和用户需求三要素的深入考虑与分析。在直播电商中，购物场景由直播平台、直播间组成，用户在直播间即可完成商品的选择和下单购买，这大大提升了用户的购物体验。本模块将从直播三要素中的“货、场”两个要素、直播流量的获取和如何设计规划直播流程来进行讲解。

学习目标

【知识目标】

1. 了解直播间选品的要求和思路；
2. 熟悉直播电商选品的步骤；
3. 了解直播设备及场景搭建时的注意事项；
4. 掌握直播内容策划的原理。

【技能目标】

1. 能够独立完成直播电商的选品；
2. 掌握宣传预热技巧，提高直播间受关注的程度；
3. 能够根据直播内容策划的流程，合理安排各个环节。

【思政目标】

1. 了解“网络直播营销选品规范”的相关知识，增强直播选品时对质量进行把关的意识；
2. 端正直播态度，培养对直播行业的职业认同感；
3. 能够在内容策划中坚持社会主义核心价值观；
4. 树立电商诚信经营的观念，增强法律意识。

活动一
直播的货与场的拆解

活动描述

兰兰是一名中职电子商务专业的三年级学生，非常认真地学习了主播的相关技能，并基本具备主播的素质。即将面临实习的她想在实习中进一步提升自己的主播能力。

对于直播带货主播来说，销售额是衡量直播效果的主要因素，而销售额的提升，不仅与主播的个人魅力及职业能力密切相关，还与直播带货商品的选择相关。像兰兰这样的主播，首先要学习选品的策略和技巧。

活动实施

随着直播电商的发展越来越成熟，“货”的地位不断提升。一场直播间的货品结构搭得好，“货”本身就能吸引流量。选“货”即是我们说的选品。根据直播货品的不同，需搭建对应的“场”，“场”即是我们说的电商平台和直播间。

1.选品

（1）选品要求

直播前期准备时一个很重要的步骤是选品，在进行选品的过程中需要明确的是能够进行直播的商品类型，以及不具备直播资格的商品类型。简单来说，直播间选品要求包括：符合直播平台的要求和符合商品质量的要求。

①符合直播平台的要求

直播平台在搭建时会出台一些要求，对禁止推广的商品进行明确限制和说明。不同的平台所限制的商品略有不同，商家可以通过相应的平台规则进行详细了解。

抖音直播，限制推广的商品有以下几类：仿真枪、军警用品、危险武器类；易燃易爆、有毒化学品、毒品类；反动等破坏性信息类；色情低俗、催情用品类；涉及人身安全、隐私类；药品、医疗器械、保健品类；非法服务、票证类；动植物、动植物器官及动物捕杀工具类；涉及盗取等非法所得及非法用途软件、工具或设备类；未经允许、违反国家行政法规或不适合交易的商品；虚拟类；重点监控类商品；不符合平台风格的商品。

淘宝直播限制推广的商品主要是一些国家明令禁止的商品、虚拟产品、成人用品、二手闲置用品等。

②符合商品质量的要求

质量问题是所有消费者都会关注的问题，商品质量是直播选品的重中之重。中国广告协会于2021年3月18日正式发布了《网络直播营销选品规范》。该规范对商家、商品资质，质量检验把控，商品的直播描述，直播后出现质量问题的消费者权益救济，主播和机构在选品方面的基本要求和导向等进行了规定。

（2）选品思路

选品主要从以下四个角度进行考虑：商家、用户、市场以及直播平台。

①商家角度

从商家角度选品需要考虑的是具有特色的商品以及高复购率商品。

特色商品，指具有特点的商品。直播是一种高成本的营销方式，商品如果缺乏特色，则很难给直播间用户留下深刻印象，因此直播间需要在众多商品中挑选具有特色的经典款商品进行直播推广，以获取人气和关注度。

高复购率商品，指用户会多次购买的商品。日常中的高复购率商品有生活用品、食品、衣服等，这些商品即使不做活动，用户也会需要。如果能够搭配商家在直播间给出的优惠活动，则很容易实现下单，促成转化。

②用户角度

从用户角度选品需要考虑的是符合人群需求的商品以及高性价比商品。

符合人群需求的商品：直播间一般会有其对应的主题和适用的人群，直播间在进行选品时要从用户的角度考虑所针对的群体真正需要的商品是什么，需要解决哪些问题。直播间在选出符合用户需求的商品并进行直播推荐后，能够大大提高直播的下单转化率。

高性价比商品：对于用户来说，吸引他们的永远是物美价廉的商品，性价比高的商品，对于用户来说，不用多做介绍，就会自然而然地产生诱惑；而性价比低的商品，即使主播介绍详尽，也难以有人问津。因此，考虑到用户需求，直播间在选品时应尽可能选择一些高性价比商品。

③市场角度

从市场角度选品需要考虑的是具有市场热度的商品和具有市场前景的商品。

具有市场热度的商品：市场热度显示的是当前市场上的流行趋势，跟随热度不一定会直接实现盈利，但至少能够获取人们的关注度，对于直播而言，这一点非常重要。如元宵节的元宵和汤圆、中秋节的月饼等，均属于节日活动时具有市场热度的商品。

具有市场前景的商品：市场前景是从未来的角度考虑，把握具有市场前景的商品需要对市场具有一定的敏感度，而这恰恰是现在很多直播间比较缺乏的。例如，家用车作为出行的代步工具，普及率很高，面对油价的起伏不定，混动车和纯电动车应运而生，具有省油和续航能力强等特点。因此进行车的选品直播时，考虑到市场前景，应优先选择油电混动或纯电动车进行直播。

④直播平台角度

从直播平台角度选品需要考虑的是符合平台规则的商品以及平台扶持的商品。

符合平台规则的商品：每个直播平台都有相应的规则，在进行选品时需要根据相应的平台规则进行选择。

平台扶持的商品：有些直播平台会有一些特定扶持的商品，对于这些商品，平台会有相应的扶持政策。直播间在选品时可以优先考虑这些商品。

（3）选品步骤

步骤1：确定选品的种类

选品的种类决定了直播的效果和关注度，在确定选品种类时需要结合直播主题进行考虑，不能出现主题和选品对应不上的情况。例如，北京特产主题的直播需要考虑的选品种类有烤鸭、稻香村京八件、六必居酱菜等，而不是龙井茶、枣泥酥等。另外，不符合平台要求的商品需要筛掉。

步骤2：确定选品的渠道

选品的渠道一定程度上能够影响用户的消费热情以及后续供货的稳定性，因此在确定时需要谨慎考虑。主播在选品时应提前做好功课，通过查看用户评价、网络达人测评、用户推荐、商品历史销售数据、用户推荐商家等资料，优先考虑用户反馈度高的商家作为选品渠道。注意在与商家进行沟通时需要保证货源稳定、确保货源充足。

步骤3：查看选品的资质

商品的质量需要严格把关，因此主播需要查看选品的店铺资质以及商品质量合格证书，必要时可通过第三方进行市场调研和抽样检测。

步骤4：试用商品

对于选出的商品，主播需要逐一进行试用，并详细了解和记录其使用方法、主要功能和注意事项等情况，必要时可以多使用几天进行观察，以保证其品质，对用户负责。

步骤5：确定选品

通过一系列步骤最终确定直播选品，但在确定之后、直播开始之前，主播还需要对确定的选品信息进行详细了解，比较其与竞品之间的优势和差别，提前做好功课，以备在直播时对于商品卖点能够如数家珍。

2.直播场景的搭建

“场”是指购物场景。在直播电商中，购物场景由直播平台、直播间组成，用户在直播间即可完成商品的选择和下单购买，这大大提升了用户的购物体验。

为了抓住直播电商的红利，各平台不断降低用户开通直播的门槛，再加上各类政策的支持，以及直播电商生态链的日渐完善和成熟，直播电商的直播场景越来越丰富和多元化。直播场景可以是商品原产地，包括田间地头、店铺或者工厂，这些场景比传统电商场景更真实，用户信赖度更高。

直播电商的购物场景既具有传统电商购买方便、比价方便的特点，又具备线下购物体验感强、用户能与商品销售者进行实时互动的特点，是对购物场景的进一步升级。

直播间搭建的注意事项主要分为两方面：室内场景搭建的注意事项和室外场景搭建的注意事项。同时，电商直播设备也是不可或缺的。

（1）室内场景搭建的注意事项

在室内搭建直播场景时主要注意以下几点：隔音房间的选择；背景干净无杂物；场景风格统一；保证光线效果。

①隔音房间的选择

在室内进行直播时，为了达到良好的效果，需要挑选一个隔音好的房间，这样可以有效避免杂音的干扰。

②背景干净、无杂物

室内场景空间小，东西一旦放置得杂乱，在直播画面中就会显得非常凌乱，影响用户观看效果。因此需要将多余杂物挪出画面，保证直播背景干净、无杂物。

③场景风格统一

为了保证良好的直播效果，在搭建直播场景时要尽可能考虑此次直播的主题，选择与其主题相适应的风格。例如，需要推荐国风款的服饰可以选择古色古香的场景，这样会更容易使用户获得好的观赏体验。

④保证光线效果

室内直播最怕光线不够充足，不能如实呈现商品颜色。如果确实出现光线不足的问题，可以通过选择阳光充足的房间或者布置灯光来解决。

（2）室外场景搭建的注意事项

室外场景搭建与室内场景搭建相区别，主要注意的是要对天气状况进行提前查看。一方面要做好应对下雨、刮风等天气的防范措施；另一方面要设计室内备用方案，避免在直播中遭遇极端天气而导致直播延期。

（3）电商直播设备

在电商直播中，有了专业设备，才能把商品更好地展现给用户。除了手机、网络，还需要配备音频硬件、布光设备、隔音设备，以及其他辅助设备。

①手机

电商直播时一般需要准备两部手机：一部手机通过下载淘宝、抖音、快手等App，在平台上进行直播；另一部手机通过连接声卡，播放伴奏及特殊音效，辅助直播。电商直播时对手机的基本要求是像素清晰，运行流畅不卡顿；对商品色彩还原度要求较高的直播，要考虑手机色彩还原度的精准性；有夜间拍摄要求的直播，还需考虑手机是否带有夜间拍摄模式。为了使直播更加清晰、流畅，最好在稳定的无线网络下进行直播。

②手机支架

手机支架的主要作用是保持手机在拍摄过程中的稳定。在直播过程中也可以借助手机支架调整最佳上镜角度。市场上的手机支架一般分为桌面式和落地式，桌面式又可分为不可折叠款和可折叠款。有的手机支架还自带补光灯。一般的电商直播可以选择自带大尺寸补光灯的手机支架，代替专门的补光灯来满足补光效果。手机支架类型的选择取决于直播的实际需求。

③话筒

在直播过程中，直播时的音质和视频画面一样，也会直接影响直播的质量。直播时常用的话筒分为两类：动圈话筒和电容话筒。

动圈话筒最大的特点是声音清晰，能够将高音进行真实的还原。动圈话筒又分为无线动圈话筒和有线动圈话筒，目前大多数的无线动圈话筒支持苹果及安卓系统。动圈话筒的不足之处在于其收集声音的饱满度较差。

电容话筒的收音能力极强，音效饱满、圆润，让人听起来很舒服，不会让高音产生突兀感。但需要注意的是，由于电容话筒敏感性很强，容易形成喷麦，因此使用时要给其装上防喷罩。

④声卡

在电商直播中，声卡可以提供一些伴奏、音效和特效音，让直播间更有气氛。声卡是直播时使用的专业收音和声音增强设备。一台声卡可以连接多个设备，可以连接电容话筒、伴奏用手机、直播用手机和直播用耳机等。

⑤监听耳机

使用监听耳机的目的是在直播过程中获取直播声音，以便及时发现问题，做出调整措施。一般对主播而言，入耳式监听耳机和头戴式监听耳机比较常见。

⑥补光灯

补光灯是直播中不可或缺的“美颜神器”。补光灯在购买时需要关注直播环境灯的条件以及直播距离的远近。如果直播环境灯光比较弱，应选大尺寸的补光灯，一般用于拍全身或远距离的直播；小尺寸补光灯一般用于上半身或桌面的近距离的拍摄。灯光可选冷、暖、日光三种颜色，如果对配置要求比较高，可以再加配摄影灯箱和灯泡。

活动总结

请你利用所学习的知识，帮助兰兰完成端午主题的直播选品，说明整个选品的流程及注意要点。

____

____

____

活动二 直播引流技巧

活动描述

兰兰在开展直播电商的过程中遇到了难题：有的直播一次性就有几千、几万人观看，为什么她的直播间只有几个人观看呢？在没有粉丝基础的情况下，如何通过直播预热引流，吸引更多的人进入她的直播间呢？

活动实施

直播带货活动中“人、货、场”是三大要素，其中，人是直播带货活动中的核心。如果只有直播场地和直播商品，缺乏人气，直播也就没有了意义。直播带货的最终目的是销售商品，要想实现这个目的，首先要吸引用户进入直播间，有效展示商品，提升直播间的氛围，使用户在热烈的互动氛围中下单购买。同时，主播也要善于引导用户关注自己，让用户成为忠实的粉丝，并努力维持粉丝的黏性。

为直播间引流，首先要在直播前对直播活动进行预告和宣传，吸引用户届时观看，为直播间积攒人气；其次需要打造优质的直播标题及封面来吸引更多用户。除此之外，在直播中主播也需要调动观众的积极性，增强与用户的互动，提升直播间的气氛和人气。在需要的时候，利用平台的推广渠道选择适合的付费推广方案也是有效的引流方式。

1.直播预热引流

直播开始之前除了要做好直播内容的统筹，对直播时长、内容、环节都要做好充足的准备，还需要对直播活动进行预热和宣传，直播预热可以吸引更多的用户进入直播间，提高直播间人气。直播预热是为了让用户提前了解直播的内容，感兴趣的用户就可以在直播时及时观看直播间，从而增加直播间的在线人数。如果预热不到位，很有可能影响观看人数和购买转化率。

（1）直播间预告

①短视频常规内容+直播预热

提前发布短视频常规内容时进行直播引导，将短视频与直播内容有效结合，从商品名称、品牌、价格、品质、活动力度等方面进行宣传。

②直播预告视频

提前发布直播预告视频，内容直接介绍商品名称、品牌、价格、品质、活动力度等，提醒粉丝准时收看直播。

③添加利益点预热

将直播间的优惠直接在预热的短视频中提前体现，将利益点告知粉丝，以直播间的价格、福利等优势作为主打宣传，为直播吸引观众。

④发布直播片段视频

主播可以利用平台发布直播片段视频，引发用户好奇心，更好地向用户展示直播内容、分享直播屏幕外的动人瞬间，突出直播亮点，进一步导流到直播间。比如聚焦问题和难题，给出价值和方法，预置话题和槽点等。视频内容可以是直播时商品讲解的高光时刻，或者是商品的展示细节。当用户对商品产生兴趣后，就会通过直播片段视频点击进入直播间。

（2）多平台直播宣传

针对同一场直播的预告可以发布至多个平台，如抖音、微博、微信公众号、小红书等。每个平台都有不同的注意事项、风格特点、预告形式等。

①微信图文中添加视频号直播预告

微信图文中添加视频号直播预告，用户就可以直接在图文里预约直播，开播的时候也会收到提醒。用户创建视频号直播预告后，可在公众号后台点击“视频号”组件找到目标视频号，选择直播预约卡片并插入，图文消息群发后，用户可以在图文中直接预约直播。

②淘宝店铺首页、详情页、微淘轮播页引流

淘宝直播发布后会在店铺首页、微淘、详情页等页面展示。随着淘宝的不断升级，淘宝已经进入了内容时代。微淘作为手淘中一个重要组成部分，已经成为各位掌柜推广引流的重要端口，而微淘等级越高，相应的权益也越多。进入淘宝直播间流量的来源渠道分布介绍见表3-1。

表3-1　进入淘宝直播间流量的来源渠道分布

封面图点击率	重点来源渠道
封片图曝光次数点击率	1.主播主页：通过主播个人主页入口展现进入直播间； 2.微淘：通过淘宝微淘关注进入直播间； 3.推荐：包括直播频道、首页“猜你喜欢”、直播间切换等场景的直播推荐流量； 4.直播—关注：通过直播—关注频道进入直播间； 5.粉丝群：通过淘宝粉丝群进入直播间； 6.其他：包含宝贝详情、分享回流等未展示渠道汇总

③抖音主页、昵称、简介、评论区引流

直播最好每周固定时间，养成用户习惯。如果定期直播，则可以将昵称或者简介改成每周某个时间段的固定直播，在简介上写清楚直播时间、直播信息。个人主页提前做好直播时间的预告，让用户知晓具体的直播时间，培养忠粉定时看直播的习惯。

（3）粉丝分享

在互联网电子消费时代，粉丝的商业属性不仅以直接的金钱形式反映，还表现在为主播贡献的流量。主播在直播前和直播过程中，都需要有意识地引导粉丝去分享和转发，扩大宣传范围，可以通过福利、红包等方式刺激粉丝分享和宣传直播活动。

（4）社群分享

将直播链接发到公众号、朋友圈、粉丝群中，让朋友和粉丝进来支持和关注，吸引意向用户进直播间，是比较有效的渠道方式。

2.开展平台内付费推广

如果直播间人气不高，则可以使用付费推广模式为直播间引流。下面主要介绍淘宝直播付费推广、快手直播付费推广和抖音直播付费推广。

（1）淘宝直播付费推广

①“猜你喜欢”资源位

“猜你喜欢”是淘宝首页最主要的流量展现位置，可以向潜在粉丝推荐店铺和主播，提升了吸引粉丝的效率，是较有效的引流方式。“猜你喜欢”资源位的创意展现样式见表3-2。

表 3-2 "猜你喜欢"资源位的创意展现样式

创意展现样式	说　明
卡片样式	可以与商品绑定，能够呈现推广商品的标题、价格等，推广的针对性更强，投放效果较好
创意图片	可以配上商品利益点（如活动优惠）进行展示
短视频样式	动态的展现形式可以迅速吸引淘宝用户的注意，但比较考验内容创作能力，短视频的前5秒是否足够精彩、能不能抓住用户的注意力至关重要
长图样式	可以最大化展示图片场景，所用图片一定要足够吸引眼球，如服饰穿搭、商品实拍等

②"微淘""直播广场"资源位

呈现在"微淘"频道及"直播广场"的广告主要面向粉丝群体，适合增强粉丝黏性，提高粉丝活力。

（2）快手直播付费推广

①快手短视频付费推广

快手短视频采用叠加推荐机制，短视频在主页出现的频率越高、停留时间越久，就能被更多的用户看到，涨粉效果显著。主播可以根据自己的推广意图进行选择，可以单独推广作品，增加作品的点击数、涨粉数、点赞评论或播放数，也可以通过作品为直播间引流，选择直播间引流人数。

②快手直播付费推广

选择直播付费推广的运营者比较少，因为费用较高，且没有像短视频推广的可选项目。在直播付费推广中，可获得的直播间用户与付费金额成正比，但是将用户转变为粉丝还是要靠主播自身能力。

（3）抖音直播付费推广

抖音设置了丰富的广告类型，运营者可根据自身需求选择推广方式，实现持续高效获客的目的。

①开屏广告

在抖音App开屏展现广告，视觉冲击力强，品牌曝光强。开屏广告也可与首位信息流融合，给用户更沉浸的体验。它包含图片、动图、视频、TopView、TopLive五种类型。

抖音TopLive是打开抖音的第一个信息流广告，是经常被用到的引流工具。TopLive占据用户群体打开抖音的必经入口，有效覆盖并触达海量用户。它通过10秒～60秒超长品牌霸屏内容展示空间，给予广告更多内容呈现空间，彰显品牌调性，加深用户群体对品牌信息的认知，建立用户群体对品牌的好感度。

②信息流广告

广告展示在抖音App信息流中，适用于线索收集、App下载、商品推广、品牌传播等类型的广告，包含原生、单页、Feedslive、本地达、智能优选、首刷CPT等多样化内容。用户在刷抖音视频时，偶尔会出现直播间实时页面，直接点击屏幕就可以进入直播间，就是Feed直投直播间。这类推广不需要额外拍摄视频，操作简单，也避免了频繁发布、删除低质引流视频带来的被封号风险。所以，商家更愿意选择Feed直投直播间的方式。

③搜索广告

用户在抖音搜索内容，命中关键词后，搜索结果展示推广信息。这种类型的广告支持品牌推广、App推广、收集线索、商品推广等目标，包含品牌专区、搜索彩蛋、抖音热榜、竞价广告、精准广告共五种类型。

④DOU+

DOU+是抖音内容营销推广工具，可将视频推荐给更多兴趣用户，助力提升视频播放量、互动量与直播间热度，帮助运营者更好地进行内容运营和品牌建设。

⑤企业号

企业号为企业提供了身份认证、营销转化、用户管理、数据分析等多项权益。品牌开通企业号，不仅能享受多种权益，还可增加粉丝信任度。

活动总结

在学习本节内容的基础上，学习DOU+设置和操作流程。

____

____

____

知识拓展3-1

如何轻松玩转短视频剪辑？

1.规划剧本与拍摄素材

进入剪辑过程前，首先要对视频内容进行规划。明确剧本和故事情节，确定想要表达的核心信息，这是短视频剪辑的基础，也是确保最终成品流畅和连贯的关键。

在拍摄素材时，确保使用稳定的拍摄设备，如云台、相机、手机等，并注意光线和音频的质量。多角度拍摄和不同镜头的运用可以为后期剪辑提供更多选择，增加视频的丰富度和吸引力。

2.精选关键镜头和音频

在拍摄完成后，需要从大量素材中精选关键镜头和音频。剪辑的目的是将故事讲述得更加简洁、有力，因此，只保留最关键、最有表现力的素材是至关重要的。

选择镜头时，关注构图、表情、动作等要素，确保画面更具吸引力和情感表达。同时，音频也是视频剪辑中不可忽视的一部分。清晰的对白、背景音乐和音效可以增强视频的氛围和情感。

3.利用剪辑软件进行后期处理

选择适合的剪辑软件进行后期处理是关键的一步。目前市面上有许多剪辑软件可供选择，如剪映、PR、度咔、快影等。新手可以选择易于上手的免费剪辑软件剪映、度咔等。

在剪辑软件中，可以调整视频的长度、添加过渡效果、插入文字和标题，制作片头、片尾，以及调整色彩和音频等，将其全部合成到视频画面中，制作成最终的短视频，将短视频导出并上传至短视频平台。目前最常见的短视频输出格式为MP4格式。

活动三 直播内容策划

活动描述

兰兰对直播选品和直播引流有了一定的认识后，对直播的工作内容充满着好奇。如何将选定的商品通过直播平台进行销售呢？对于直播内容该如何策划？这些都需要兰兰进行深入的研究和学习。

活动实施

1. 直播内容策划的方法

在时间碎片化的当下，好的内容才能为直播间聚集到精准流量。一场直播需要从四个方面开展内容策划：

（1）垂直的内容

随着用户红利的逐渐减退，内容垂直化将成为直播行业的主要趋势，平台将会更多地聚焦在某一特定用户群体的需求上。而垂直化的直播内容，往往是聚焦并且满足特定群体需求的某一固定领域内具有强黏性的信息。一旦内容具有了强黏性，便可以聚集强大的粉丝群。

因此，主播在准备直播内容时，要根据某一特定用户需求明确内容调性，持续生产用户喜爱的内容。

（2）多形式内容

目前，直播的形式是非常多的，包括网红直播、户外直播、工厂直播等。其直播内容多为达人连麦、网红代播、旅行直播、探寻原产地等。不同的形式对应不同的直播内容，给用户带来的感觉也不同。因此，主播在准备直播内容时，可以用多元化的直播形式来展现。

（3）多样化内容

准备直播内容时，可以考虑内容多样化。如果直播的目的是“种草”，那么直播的内容可以是场景专题、新品试用、高端展示等；如果直播的目的是涨粉，可以以粉丝活动日、奖品红包发送、活动专属的直播内容来展现。

（4）有价值的内容

在准备直播内容时，要考虑什么样的内容可以为用户带来更多价值。帮助用户获得较高价值利益的内容，能持续吸引更多用户。

例如，做大米带货直播，除了讲解商品之外，也可以给直播用户“解锁”南方与北方大米的特点、淀粉结构、营养成分及生长周期和外观的不同，让用户在享受价值优惠的大米的同时，了解更多实用的知识。

2.直播内容策划的流程

“内容为王”不仅适用于短视频，同样适用于直播，内容是任何直播带货的核心和主体。尤其是新手，在开始做直播的时候，策划优质的直播内容是直播带货的一个重要环节。

（1）定好直播主题

确定直播的主题是非常重要的，例如，要在直播间卖护肤品，那么这种护肤品主要能解决什么问题？用户想解决什么问题？还有没有其他方式让用户获得更多的满足感？除了讲解商品之外，还可以给用户分享一些独家护肤心得，让用户在享受价值优惠时，也能学习到更多实用技巧。

针对不同商品的功能，只有从不同的角度去分析，直播内容才能更有针对性，直播才能留住用户，方便后续转化。

选定了直播主题，也就确定了直播的核心内容，一定要注意直播的核心内容和直播主题或商品相结合，这样才能更加精准地击中用户的内心。

（2）规划直播脚本

规划直播脚本需要确定直播的时间和时长，摸清楚什么时候开播，观看的人更多，主播能够在直播间控场多长时间，直播多久不至于让观众感到疲惫等问题。综合各方面的因素之后，应制定每天或者每周的直播时间和时长。

接下来，直播电商可以将时长的每个阶段分成不同的模块，例如，开播前10分钟或者30分钟，主要用来互动还是直接开始上商品？多久送一次福利？多久上一次商品？多久做一次互动？

当确定好前30分钟是互动时，就要分析不同的互动方式可能对观众产生的影响，从而决定在不同时间段采用的互动方式，避免直播间冷场。直播安排样例见表3-3。

对每个环节占用多长时间，直播电商都要做好规划，以免在直播过程中出现商品解说和商品上架时间错乱的情况，避免因错过发放福利的时间导致观众流失。

（3）策划直播内容

做带货直播时，要用什么话术来引入商品？用什么方式来和观众互动？怎么促进成交？

直播电商可以通过品牌或者商品背后的小故事或者历史来引入商品，然后讲解商品的特点与卖点，展示商品的使用方法，并和其他同类商品对比，突出商品的优势。

表3-3 直播安排样例

直播安排（时长：2小时） 兰兰美肤直播间（关注主播领取50元无门槛优惠券）每10分钟飘屏一次					
直播主题	夏季必备护肤品				
直播时间	22：00—24：00				
时间段	主播人	内容	目的	商品	备注
22：00—22：30	兰兰	预告主要讲解内容和优惠	热场	全部	
22：30—22：40	兰兰	无门槛当天使用券抽取3名	活跃气氛	无	
22：40—22：55	兰兰	防晒技巧讲解	引入商品	YY防晒	
22：55—23：10	兰兰	带入防晒商品进行讲解	讲解商品	YY防晒	
23：10—23：20	兰兰	直播奖品抽取并引导转发	裂变	无	
23：20—23：30	兰兰	面霜使用小窍门	引入商品	MM面霜	
23：30—23：50	兰兰	带入面霜商品进行讲解	讲解商品	MM面霜	
23：50—24：00	兰兰	预告明天直播内容	铺垫	全部	

针对不同商品做直播时，需要从不同的角度去分析，然后巧妙地在内容上做一些变化，吸引受众用户去观看、购买。

第一，不管是什么直播形式，直播互动都是直播内容的重要部分，高质量的直播互动能有效提升直播间的人气和转化。因此，主播可以通过直播互动的方式来丰富直播内容。

第二，通过福利抽奖、分享评论等引导方式来促进用户成交。

第三，用促单话术“催”用户下单，这些都需要提前准备好，以免在直播进行中出现“话语卡顿”的情况。

如果不知道如何策划直播内容方案，直播时就会手忙脚乱。而做好直播内容的创意策划，可以让直播内容变得更有创意、更有吸引力。

3.直播内容策划的技巧

（1）根据商品品类和促销节点，确定直播的商品排期和主题。

直播过程中，每种商品都有自己的特征，比如，服装可以先以流行服饰或者主打风格作为直播的内容；策划食品类直播的内容时，要根据消费者的地域特征来安排直播内容。同时，可以结合一些重要的节日和时间点安排主题，如在重阳节，可以安排一些送给老人礼物的主题。

（2）根据商品特征和商品定位匹配合适主播，确定主播的穿着、妆容。

在直播过程中，主播的服饰和妆容与商品要匹配。比如，直播传统文化商品时，可以身着汉服；直播针对学生群体的商品时，可以适当穿学生装，拉近与受众的距离。

（3）根据主播的特点和商品的特征，设计抽奖、秒杀、投票、话题等互动玩法。

每个主播都有自己的粉丝群体，最了解粉丝喜欢哪种活动。在直播过程中，主播可以通过开展抽奖、设置秒杀、投票、发起话题等互动活动来吸引直播观看者的参与。比如，看一下直播时谁分享得多，直播时就给他抽奖，这个环节以提高直播的人气为目的，可以设置在直播的开始、中间或者结尾。在直播观看者比较疲劳的时候，主播经常会打开秒杀活动。切换商品时常用的话术是："宝宝们，你们期待的整点福利来了！大家打起十二分的精神来，我们马上给大家上福利。"

（4）根据直播的目标和活动预算，通过直播间的专享价、优惠券返现等形式，设计促销利益点，引导用户下单。

在直播过程中，根据每一场直播的目的、每个商品在直播中起到的作用，以及整个活动的预算，可以在直播间设置专享价、优惠券返现、分享微信群返现等形式，以吸引用户下单。直播活动是主播根据直播节奏、直播现场环境去掌控的，主播要有一定的主动权，适时设置专享价优惠券来吸引观众下单。

活动总结

请你利用所学知识，任选一种当地农产品，与兰兰一起完成直播内容的策划。

____

____

____

案例赏析 3-1

巴黎欧莱雅戛纳国际电影节直播营销

在第 69 届戛纳国际电影节中，巴黎欧莱雅在美拍开启"零时差追戛纳"系列直播，全程记录下了包括巩俐、李冰冰、李宇春、井柏然等明星在戛纳现场的台前幕后，创下 311 万总观看数，1.639 亿总点赞数、72 万总评论数的各项数据纪录。而带来的直接市场效应是，直播 4 小时之后，李宇春同款色系 701 号 CC 轻唇膏在欧莱雅天猫旗舰店售罄。美宝莲纽约和巴黎欧莱雅作为欧莱雅集团旗下的两个化妆品子品牌，为什么热衷直播营销，并提早看准了直播营销无与伦比的效果呢？我们可以从 2023 年 3 月份新上任的欧莱雅集团中国 CEO 斯铂涵（Stephane Rinderknech）的发言中找到更有力的支持："在传播层面，实际正在发生一场巨变——新市场营销，其中数字营销是非常重要的一部分。而这一切由消费者导向，也就是消费者自己而不是传统广告决定了他们要买什么。因此市场营销的内容将从指挥式的变为更具亲和力的。例如：2022 年戛纳电影节就从通常仰视明星、高高在上的角度变为更贴近、更温暖、有连接度的话题。而 2023 年如何用戛纳话题与消费者（包括三四线消费者）建立连接、产生共鸣？这是我们直播考虑的方向，并将从内容和平台两方面来实现。""从渠道层面，最大的改变是电商渠道越来越重要，特别是移动端的电商。”“因为高质量网络视频可以教育更多的消费者，让她们理解和使用彩妆，而消费者评论与分享也为商品营造了良好的口碑效应。我们在这方面获得了极大成功，例如‘双十一’24小时内我们就售出10万支美宝莲口红，这真是不可想象的！”“2023年，我们的目的是要被消费者喜欢、获得消费者青睐，要与年轻消费者相连接、有互动，在创新产品的同时，也要创新内容本身。”这样看来，美宝莲纽约和巴黎欧莱雅相继试水直播营销，不仅和斯铂涵的营销大方向吻合，同时，也很好地验证了其营销策略的正确性。

思考题

1.室内场景在搭建时需要注意哪些问题？

2.直播内容策划的流程都包括哪些？请详细讲解。

3.结合本地农产品的特点，设计直播内容，做好选品和直播场地的搭建，策划直播内容。

模块四

美食类商品直播

“民以食为天”，美食类商品相比其他商品类目更具有受众基础。因为食品、饮料等具有刚需、易耗、重复购买的特点，具有较强的普适性，所以成为直播营销的主要选择之一。直播营销，不仅要销售商品，还要满足用户的娱乐和兴趣爱好，激发用户对美好生活的向往，挖掘用户潜在的购物需求，提升生活品质，从而使用户产生更多的购物需求。本模块将从美食类商品直播间的搭建、商品的特征、直播讲解要点、直播的呈现方式、直播脚本范例解析、直播实战训练六个活动进行讲解。

学习目标

【知识目标】

1. 了解美食类商品特点；
2. 掌握美食类商品营销话术。

【技能目标】

1. 学会搭建美食类商品直播间；
2. 学会撰写美食类商品直播脚本；
3. 能够完成美食类商品的直播。

【思政目标】

1. 培养学生求真务实、开拓进取的精神；
2. 培养学生的批判性思维和创新意识；
3. 崇尚乐业、勤业、精业的职业道德榜样，培养学生爱岗敬业的职业情操，摒弃职业偏见，树立干一行、爱一行、专一行的职业理念，使学生拥有成为高素质劳动者所必须具备的基本道德意识。

活动一
美食类商品直播间的搭建

活动描述

莎莎是一名中职学生，平时非常喜欢观看直播，而且她还是一名“吃货”。学校要求学生假期参加社会实践活动，于是她有个大胆的想法——做一个美食主播。那么，第一步就是要搭建直播间，莎莎要做哪些准备工作呢？如何搭建呢？

活动实施

美食类商品直播的关键是能够刺激用户的食欲，无论是主播的讲解，还是食物的呈现，都要能够激发用户的兴趣，勾起用户的食欲，才能促进用户转化，提升商品营销效果。

美食类商品在进行直播时，可以分为室外直播和室内直播。在进行室外直播时，直播背景尽量选择周围环境不嘈杂、走动人流较少的地方（如图 4-1 所示）。而室内直播，根据直播内容大致可以分为厨师实操型直播和试吃讲解型直播两种，具体讲解如下。

图 4-1　美食类商品室外直播间

1.厨师实操型直播间

厨师实操型直播需要搭建风格清新的厨房合成图或以厨房实景作为直播环境，这样的直播间背景空间较大，真实度很高，要求色彩相对统一，一般不超过3种色系，对整体灯光的要求也较高。主播采用站立式直播，或切菜或炒菜，将食物的烹饪过程结合主播自己的讲解利用直播的方式呈现给观众，此画面一般占整个画面的1/3以上。主播要穿搭正式的服装，如戴手套、戴口罩、穿厨师服、戴厨师帽等。厨师实操型直播间如图4-2所示。

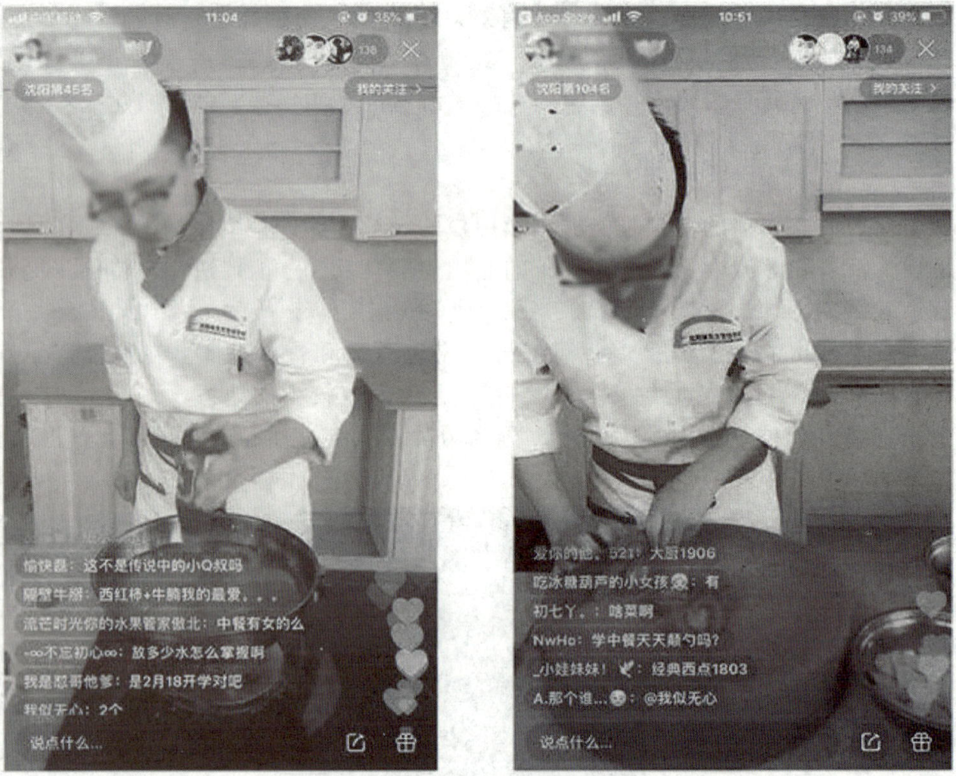

图4-2 厨师实操型直播间

2.试吃讲解型直播间

试吃讲解型直播间与厨师实操型直播间完全不同。主播占用很小的空间就可以完成直播，只需要简单的布置和陈列就可以完成搭建，采用暖色系装饰物或背景墙，使用暖调的灯光增加食物的色泽感，让用户在观看时更有食欲。主播采用坐立式直播，或试吃或讲解，一般会把当下讲解的商品放在最靠近镜头前面的位置，最佳的人物展示位置是画面正中间，主播的人物画面占整个画面的1/3，实物的展示台位置也占画面的1/3。主播穿着干净、简单、随意，服装颜色要与场景搭配协调，必须符合审美原则，避免出现色块分布散乱、色系偏多的情况，从而影响直播间的视觉效果。试吃讲解型直播间如图4-3所示。

图 4-3　试吃讲解型直播间

活动总结

请你利用所学习的知识，帮助莎莎搭建一个美食类商品直播间，说明从哪些方面进行搭建及注意要点。

活动二 美食类商品的特征

活动描述

莎莎虽然非常喜欢吃各类美食，但是想要做一名美食主播，还必须了解各种美食类商品的基本特征，所以她通过查找各种资料，开始自学。

活动实施

目前，直播销售的商品正展现出一种日益丰富的态势。在众多热销产品中，果蔬生鲜、零食坚果、冲饮、速冻食品以及茗茶等品类，都成为抖音直播平台上备受瞩目的食品类热门商品。这些多样化的商品选择，不仅满足了消费者的不同需求，也反映了直播带货市场日益成熟和活跃的景象。

1.果蔬生鲜类

果蔬生鲜类商品具有明显的季节性，需要提前进行直播策划。很多消费者都希望利用直播买到异地特产，能够足不出户即可品尝异地美食。但是这类商品在长途运输中容易损坏或腐烂，因此主播在商品讲解中除了重点突出商品品质、商品的文化背景，分别说出适宜和不适宜人群外，也要注重介绍商品的运输方式和包装情况等，确保商品到货完好和保鲜情况良好。

2023年抖音“6·18好物节”期间，来自全国各地的数以万计款特色产品通过平台“富域计划”提供的流量扶持，被更多消费者熟知。其中，广西百色芒果、陕西洛川苹果、湖北秭归脐橙、新疆若羌灰枣、陕西阎良甜瓜位列生鲜好物销售量前茅。通过上万场特色直播，蔬菜、水果等农产品在抖音电商里获得了市场新增量。

2.零食坚果类

零食行业正展现出高度的集中化趋势，以抖音平台上的销售情况为例，不同年龄段消费者的偏好差异已清晰可见。年轻人更偏向于追求个性化的口感体验和创新的包装设计，同时他们也更倾向于选择那些便于携带和食用的零食；而中年人则更注重零食的营养价值，他们更倾向于购买高价值的果脯和坚果类产品。在这场市场竞争中，饼干、糕点和坚果这三类产品表现得尤为抢眼，它们凭借独特的风味和品质赢得了消费者的喜爱。而在品牌竞争方面，百草味、三只松鼠和良品铺子一直保持着领先地位，稳坐行业前三甲的宝座。不过，值得注意的是，虽然三只松鼠在各大电商平台的销量和销售额上均表现出色，超过了其他坚果零食品牌，但在舆情和口碑方面，其指数却相对较低。而百草味和良品铺子同样在销量和销售额上表现出色，与三只松鼠形成了激烈的竞争态势，头部品牌的竞争愈发激烈。

3.冲饮类

直播营销中，冲饮类商品销售表现出色，尤其以乳制品、咖啡、果味饮料以及中老年奶粉为主。当前市场销售数据显示，这些商品因个性化的包装设计及多元口味而受到更多年轻消费群体的青睐。无论是哪一种类型，消费者均更倾向于购买“无糖”与“零添加”的健康食品，这反映了现代人对健康饮食的追求。

随着健康意识的提升，乳制品在中国消费者的日常饮食中占据了重要地位。特别是高营养的酸奶和牛奶，其市场份额正稳步上升。而饮料作为日常消费频率高、需求即时性强的产品，尽管普遍单价不高，但以包装饮用水和碳酸饮料为主导的饮料市场，通过采用组合包装或整箱销售策略，不仅提升了销量，还提高了整体的商品客单价。

4.速冻食品类

随着餐饮行业对半成品食材的需求日渐旺盛，半成品食材正逐渐成为速冻食品市场的新宠，为速冻食品行业带来了前所未有的发展契机。速冻食品的销售呈现出更加鲜明的季节性特点，夏季各类冰激凌产品备受欢迎，成为消费者解暑的首选；而到了冬季，火锅食材和丸子类商品则成为市场的热销担当，满足了人们聚餐和享受美食的需求。此外，肉类、饺子、汤圆等速冻食品也在不同季节里展现出强劲的销售表现，为行业增添了更多活力。

5.茗茶类

很多中国消费者每天喝茶，喝茶保健养生的观念深入人心。此外，喝茶场景具有多元化，兼具休闲、社交和商务的功能。为了自饮而购买茶叶的消费者更注重茶叶的性价比，而以送礼为目的消费者会购买价格更高的茶叶。在消费者自用及送礼的茶叶品种对比中，绿茶、红茶、乌龙茶等传统原叶茶仍旧名列前茅。近几年，茶类消费者逐渐向年轻人群渗透，在快节奏的现代生活中，方便、快捷的袋泡茶成为年轻茶友追求品质生活的方式。

活动总结

请你利用所学知识，帮助莎莎选取一类商品作为直播带货内容。

活动三 美食类商品直播的讲解要点

活动描述

莎莎根据各类商品特征，结合自己的能力，最终选取了零食坚果类商品作为自己直播的主打商品。那么在直播中，莎莎如何为消费者讲解这些商品呢？有哪些注意事项呢？

活动实施

主播在直播间推荐美食类商品时，通常要介绍商品的产地、主料、辅料、营养价值、味道、规格、价格、包装等，有时还需要围绕商品的加工方法、储存方法、食用方法等要点进行讲解。要想突出食品质量，主播可以从安全性、营养性、口感、价格等要素出发进行讲解。

主播在设计美食类商品直播营销话术时，除了要满足一般性要求之外，还要遵守食品类商品直播的相关规范。以抖音平台为例，首先要求美食类商品信息必须准确，与商品说明书保持一致；其次美食类商品的食用效果展现必须真实、贴切，不能虚假、夸大宣传。主播在直播营销中要强调产品的成分、优势、适宜人群等用户比较关心的内容，而且一定要在直播中进行产品验证。

美食类商品直播讲解要点可以从以下四个维度考虑，见表4-1。

表 4-1 美食类商品直播讲解要点四维度

维度	讲解重点	详细内容	示例
商品属性	产地、主料、辅料、规格、包装、制作加工方法、储存方法、食用方法	主播在推荐特色美食（如北京烤鸭、天津麻花、广西柳州螺蛳粉等）时，要找准受众群体，贴合用户需求，强调商品特色及与同类商品的差异，以赢得用户的好感。主播也可以从烹饪手法、秘制酱料等内容出发来描述商品	例如，“这款酸辣粉，一包是320g，里面有8包料，包含了粉饼、豆芽包、实物包、豌豆包、油包、汤包、醋包、酱包。这款酸辣粉的粉饼是湿饼，不需要水煮，加入料包之后，只要开水冲泡，耐心等待10分钟即可，非常方便、快捷。这个粉不是那种细软的，非常有嚼劲，而且配足了豆芽、豌豆等食材。哪怕是一个简单的酸辣粉，都不像别的品牌那么简单。”
食用效果	视觉、嗅觉、味觉	美食讲究美感，主播一定要用语言表达出美感，围绕着食物的色、香、味、形进行描述，突出美食的优势，最好配上图片、视频或实物，这样对用户才更有诱惑力。主播试做食物时，要当场拆包、当场加工，展示制作过程，尽量多用近景展示食物的全貌，详细描述食物的外观，试做、试吃后再描述食物的味道和口感，既向用户传递了食物的烹饪方法，又展示了食物的美味	例如，“这款鲜花饼，严选有机小麦粉，新鲜采摘有机玫瑰，这些玫瑰沐浴着北纬25°的阳光，每一朵都花苞饱满，花香浓郁，而且我们的鲜花饼中新鲜花馅增加30%，随便掰开一个鲜花饼，肉眼可见的都是花馅，一打开就能闻到浓浓的玫瑰花香。让你每一口都是浪漫，沾舌难忘！”
功效价值	营养价值、食品安全性	美食类商品的安全性即食品无毒、无害，符合营养要求。安全是食品消费的基本要求。主播可以围绕商品的原材料选取、清洗、切割、烹饪、制作、包装、储存、运输等一系列流程来介绍食品的安全性，可以用数据、食品安全国家标准进行背书，或者采用现场检测、实验的方式来赢得用户的信任	例如，“食品选材绿色健康，添加剂无毒、无害，制作工序精良，通过了一系列食品安全认证。”
价格优势	价格对比、性价比高	美食类商品日常消耗大，但可代替性强，所以客单价低、性价比高的商品更容易成为爆款。价格优势主要是指直播间推荐的商品比其他同类商品价格低，如采用商品组合套餐、五折卡、优惠券等形式拉低价格	例如，“两大包豆浆粉，线下29.9元一包，两包就是59.8元，今天在我直播间，两大包39.8元，关注主播还可以领取10元优惠券，到手就是29.8元两大包。拍一份发两包，足足省了30元，都可以再买一份了对不对？真的太超值了，快做好准备，开抢……”

美食类商品品类很多，其中海鲜、特色小吃等都是直播间的热门营销品类。即使主播的带货商品类型相同，不同的主播采用的直播营销话术也各具特色。例如，讲解海鲜类商品时，主播的诚信和商品的质量是影响用户在直播间购买海鲜类商品的重要因素，但主播的声音、与用户的互动、主播的镜头语言感染力等也会对直播效果产生差别影响。销售特色小吃的主播要在直播中展示风土人情，以此激发用户的好奇心，同时要凭借专业的讲解消除用户的偏见，以此来增强说服力，使用户相信并愿意购买商品。

活动总结

请你利用所学知识，帮助莎莎总结一下零食坚果类商品的讲解要点及内容。

______

______

______

活动四
美食类商品直播的呈现方式

活动描述

莎莎通过学习，了解了应该如何讲解商品。但是她在观看其他主播的直播时，发现他们在讲解食物时的呈现方式有很多种。那么如何通过这些呈现方式的演绎在直播中吸引更多的消费者呢？

活动实施

美食类商品作为直播营销的垂直品类，在直播营销中的销售额迅速增加。美食类商品在直播间的呈现方式多种多样，目的就是加深用户对美食商品的直观印象，从而达到提升美食商品营销的效果。

1.用特写镜头展现商品细节

美食类商品可以通过镜头近景放大食物的细节。在镜头前展示食物的细节，能够增强食物本身品质带给用户的直观感受。主播在镜头前试吃美食时，利用撕、掰等动作，展示食物本身的内部结构，从而让用户有一种从视觉向味觉转变的刺激感。对于不同类型的美食商品，主播展示的动作也有不同，比如用“弹”展示食品的“Q弹”，用“捏”展示食品的松软，用“嚼”展示食品的酥脆等。特写镜头的作用就是为了展示主播试吃的场景，能够让用户形成画面感，刺激用户购买。

2.用抽象化吃法博取用户眼球

现在有越来越多的主播在介绍美食商品时选用个性化的吃法方式，博取用户眼球，从而激发用户的购买欲望，产生购买行为。比如，主播在介绍螺蛳粉时，可以提前准备好相应的炸蛋、青菜等，使螺蛳粉看上去色泽鲜艳、营养丰富，在试吃时勾起用户食欲。也有很多主播利用夸张的“吃”的动作、表情、氛围等，向用户传达了该美食商品的美味、诱人等特点，让用户产生很强的购买欲望。

3.用商品数量提升性价比

主播可以在直播时结合直播间的空间因素，利用食品摆放的面积、规格、重量等信息强化商品带给用户的数量感。数量用数字表现，在直播中可以通过摆放的大面积的效果形成“多”的视觉形象，使用户产生高性价比的感觉。

4.用价格对比凸显价格优势

人们通常关注商品价格最多的场所就是商场、超市，这些也是人们日常生活消费最主要的场所，所以商场、超市的商品价格基本上就是用户在线上购物时的心理预期价格。主播在直播时，可以通过与商场、超市同类商品的价格标签进行对比，让直观的数字刺激用户，使用户感觉直播间的价格特别优惠，从而产生购买行为。

活动总结

请你利用所学知识，帮助莎莎设计一下如何在直播中呈现美食。

____

____

____

活动五 美食类商品直播脚本范例解析

活动描述

莎莎完成了直播前期的准备工作，但是难题出现了——拿着商品样品，莎莎不知道该说些什么。到底该用什么样的语言才能更加刺激用户的购买欲望呢？

活动实施

【范例】——皓月科技“炎炎夏日 冰甜有你”直播

皓月科技公司是一家生产和销售农产品及休闲食品的公司，秉承着“责任、诚信、创新和奉献”的企业精神，坚守“以市场为导向，以质量为保障”的经营理念。该公司主要销售冰冰粉、麦丽素、螺蛳粉等商品，现计划于6月28日在抖音开展一场直播。

皓月科技"炎炎夏日 冰甜有你"直播案例

1.直播概况

（1）直播主题："炎炎夏日 冰甜有你"。

（2）直播时长：120分钟。

（3）直播目标：夏日新品上市，通过较大的优惠力度，吸引用户下单，抢占换季市场。

具体目标如下：

观众总数：50 000人；新增粉丝：3 500人；付费人数：400人；评论人数：450人；销售量：600件；销售额：15 000元。

2.选品与排品

（1）冰粉：6大包，19.9元（引流款商品）。

（2）麦丽素：250g，27.9元（活动款商品）。

（3）螺蛳粉：拍4包发5包，31.9元（利润款商品）。

（4）阿萨姆奶茶：12g×25包，11.9元（引流款商品）。

（5）卤味鸭脖：350g，18.8元（活动款商品）。

（6）晶晶粽：70g×6枚，49元（形象款商品）。

3.商品上架

添加直播推广的商品，编辑商品标题、关键词、价格、运费、规格、上架数量、商品主图、商品辅图、商品主图视频、商品详情图等信息。

4.预热物料的制作

（1）拍摄预热短视频，适度投放DOU+推广，为开播聚集人气。

（2）发布微博预热文案，通过站外为直播间引流。

（3）提前发布直播预告，包括直播标题和封面等。

5.脚本策划

"炎炎夏日 冰甜有你"直播脚本见表4-2。

表4-2　"炎炎夏日 冰甜有你"直播脚本

流程	时长	步骤	直播稿内容	备注
开场	1分钟	开场介绍	大家好，欢迎各位宝宝来到直播间，我是曼玉。宝宝们先点击主播头顶上方的关注。关注主播不迷路，带你吃出健康，吃出美。先预祝各位宝宝购物愉快，买得开心，看得舒心	打招呼
开场	4分钟	发红包、宣布福利	曼玉今天会为大家介绍夏日解渴又解馋的好商品。关注曼玉会有福利哦！直播间每增加500人，我们就发一波红包奖品，不要走开！大奖就是你的哦！ 茫茫人海遇见你，点个红心最爱你。 宝宝们赶紧把我们的直播间分享给你的亲朋好友，一起来领福利吧！ 话不多说，先来一波红包。宝宝们准备好，手慢无哦	宣布福利，聚集人气，提醒分享直播间

续表

流程	时长	步骤	直播稿内容	备注
预告	3分钟	预告商品	宝宝们，今天我们的夏日新品上市，所有价格都是非常实惠的哦！ 首先是夏天必备的冰粉，冰凉爽口瞬间替你赶跑炎炎烈阳。 其次是80、90后的童年记忆麦丽素，唤醒味蕾的经典味道。 第三款商品是鲜酸爽辣的柳州螺蛳粉。 第四款商品是唇齿留香的阿萨姆奶茶。 第五款商品是回味无穷的卤味鸭脖。 最后一款商品是软糯浓郁的晶晶粽。 是不是光听着就已经打开味蕾了呢？ 那就赶紧来波小零食迎接这个夏天吧	告知所有商品及商品上架顺序
讲解商品	9分钟	引入第一款商品	大家的热情主播感受到了，现在主播都有一些热了。 夏天来了，不知道各位宝宝是怎么降暑的（创造与观众互动的机会）？ 主播夏天最幸福的事情就是从外面回来时吃这么一碗冰冰甜甜的冰粉，给大家看一下（试吃）	扩大需求，阐述痛点，增强商品优势
		讲解第一款商品	（边吃边介绍）这个夏天，你可以没有情侣，但是你绝对不能少了冰粉，它的全名超可爱，叫什么？告诉你，它叫爱玉冻冰冰粉！ 逛街累了，来上一杯冰粉舒缓手脚；忙碌的午后，来上一碗冰粉一扫阴霾。 冰粉真的是甜品店里经久不衰的人气小甜品！ 它像果冻一样Q弹，配上顺滑细腻的黑糖、椰奶或酸梅，天热的时候冰饮舒爽，天冷的时候热饮暖胃，实在是假期神器。 但是一般的冰粉有些贵，我周边的店都是15元/碗起步的，量还很少！而且只有底下一小块冰粉，完全不够吃！还好有万能的直播购物。 曼玉给你们介绍的这款即食冰粉，不用提前煮，它可是国内独创的即食冰粉。里面是一大碗熬好的冰粉，搭配了上等黑糖浆和精心准备的配料，一一拆开混合就能吃了，是不是干净又方便？ 爱玉冻冰冰粉一经上市，就获得超级好评。花生、黑芝麻带来的颗粒感是冰粉的点睛之笔，椰子的香气朴实浓郁，和冰粉相辅相成；冰粉伴侣作为黄金搭档呈现在你的眼前，里面的椰奶和焦香黑糖可是超香的。有宝宝反对吗？反对无效哦。 这几天特别热，我就直接把它们拌匀了放冰箱里冷藏，给你们看下它里面的配料包（可以现场示范制作，以展示细节）。 大热天吃冰冰凉凉的冰粉真的太爽了！它甜而不腻，非常解暑，是真的好吃，感觉我一次能吃好几碗。大夏天吃冰粉真的太幸福了	以商品展示为主，一定要吃得非常香。过程中多提醒关注主播

续表

流程	时长	步骤	直播稿内容	备注
讲解商品	3分钟	促销第一款商品	这个冰粉真的好吃到尖叫，连网红明星都争相代言。宝宝们赶紧抢哦！原价29.9元，给我们粉丝肯定不能是这个价，对不对？听好了！第一包10元，第二包9.9元，再赠送一包！等于19.9元，你拿到几份？三包！每一种口味我都给你安排上。宝宝们拼手速了，只有200单，限量200单，拍完就没有啦	阶梯式降价
	3分钟	发放福利	哇，直播间的人数已经达到1 000人啦！宝宝们真是太给力了！我们准备发红包，你们准备好了吗？先给大家抽一波10元无门槛现金红包。看看谁的手气好，相信识货的宝宝运气都不会太差。我们的运营小姐姐已经准备好要发红包了。宝宝们，你们准备好了吗？注意了，注意了，开始倒计时：五、四、三、二、一恭喜领到红包的宝宝，抢到了我们的10元无门槛现金红包。红包可以在本场直播间使用，赶快跟着曼玉一起来抢购今天的夏日专场零食吧	福利留客
	85分钟	（第二～六款商品模仿第一款商品进行介绍）		
返场	10分钟	回顾商品，完成所有活动	回顾所有商品，对主推和热销商品进行重点介绍。发放最后一波福利并截屏	
结束	2分钟	结束	直播快结束了，感谢大家的购买！关注主播不迷路，感谢大家关注咱们直播间。明天，我们有更多福利送给大家，期待大家明天到来，今天就到这里了，宝宝们再见	再次提醒观众关注主播

6. 引流推广

设置渠道、预算、时间、投放组合，并进行粉丝群推广。

7. 人员配置

（1）主播：曼玉，主要负责梳理商品特点，准备直播要点、现场直播和答疑。

（2）助播：小宁，主要负责准备直播封面（直播主题、直播时间、直播商品名）、测试直播账号、现场布景、设备调控，在直播过程中根据实况进行DOU+投放。

（3）场控：欣欣，负责直播现场的进度把控、客服答疑。

8. 直播间的准备

白板、笔记本电脑、直播落地架、麦克风、柔光美颜补光灯、专业声卡。

9. 现场直播

依据脚本完成120分钟直播。直播时间分配合理，能在规定时间内完成直播活动；能迅速并有效地处理直播过程中的突发事件；直播讲解富有激情，能带动直播间气氛，可调动观众参与互动活动，并引导观众下单。

10. 直播复盘

针对本次直播的流量、新增关注、销量等数据及效果进行复盘分析。直播复盘总结至少包括直播数据分析、推广效果分析、直播效果分析、复盘与优化等。复盘过程需细致严谨，做到实事求是、精益求精。

活动总结

请你利用所学知识，帮助莎莎一起撰写一份美食类商品直播脚本。

知识拓展 4-1

如何规划直播主题

直播脚本可以分为两种类型：一种是单品直播脚本；另一种是多品直播脚本。

1. 结合热点规划主题

在当今信息爆炸的时代，人们每天都会接触到大量信息。在纷繁复杂的信息中，时下热点能比较容易地抓住人们的目光。因此，为了吸引更多人关注，直播内容需要与时下热点相结合。

直播主题与时下热点相结合能够增加直播的曝光度，为直播引流。同时，与时下热点相结合的直播主题能够吸引大量观众的目光，观众对直播内容的讨论和分享也会提高直播的曝光度，进而吸引更多观众关注直播。

首先，每一个热点都有其重点内容，可以结合热点背后隐藏的“干货”策划直播内容。其次，主播要将热点事件与直播内容相结合，使其成为直播内容的亮点。再次，即使热点事件的讨论热潮已经过去，但这件事对人们造成的影响仍会持续一段时间，主播要充分利用这段后续影响期开发热点的周边事件，实现二次引流。

尽管结合时下热点规划直播主题会给主播带来很多好处，但是主播要选择合适的热点与自己的直播相结合。如果时下热点与主播所推销的商品相关度不高，或者主播将两者结合得不恰当，可能会让观众认为主播是在“蹭热度”。这对于主播的直播宣传和商品销售十分不利。因此，主播一定要认真分析时下热点，选择合适的热点规划直播主题，这样才能够真正地借热点为直播引流。

2. 主题重点要突出

重点突出的主题能够吸引更多观众的关注，也会激发观众的购买欲望，进而实现商品销售。在主题重点突出方面，主播需要注意以下三点：

（1）主题要突出商品特点。在规划直播主题时要突出商品的特点。例如，在推销防晒用品时，就可以防晒霜、防晒喷雾的“12小时持久防晒”“防汗”等特点规划直播主题。

（2）主题要有特色。需要从多角度思考直播主题，展现直播主题的特色。例如，在销售小龙虾的直播中，以麻辣小龙虾的制作过程作为直播主题，能激发观众的购买欲望。

（3）主题要贴近生活。许多人观看直播是因为直播具有实时性，而且内容大多与自己的日常生活相关。因此，主播在规划直播主题时需要贴近大众生活。例如，主播可以在直播中试用、试吃商品，或在直播中展示商品的制作过程。

3. 设置有吸引力的标题

在电商直播过程中，拟写直播标题是一个非常重要的环节。一个好的标题不仅可以吸引观众，增加直播间的流量，还能切中平台的推荐逻辑，让直播活动实现大范围传播；相反，一个不好的标题极有可能将优质内容埋没，导致直播团队的辛苦与努力付诸东流。那么，直播团队怎样才能为直播活动取一个合适的标题呢？

（1）把握标题字数。电商直播的标题字数最好控制在10~30字，以20字左右（包括汉字、英文字母、标点符号、数字、字符）为最佳，字数过多会增加观众的理解难度，字数过少会导致主题表达不清晰，都无法达到良好的效果。电商直播的标题字数不在多，在于是否凝炼、有吸引力。

（2）精准描述内容。电商直播活动的标题必须与内容紧密相关，因为抖音、快手等平台的分发系统会从标题中提取关键词，将其有针对性地推荐给观众，然后根据直播内容的播放量、观众停留时长、评论数决定是继续向其他观众推荐，还是将其过滤掉。因此，对于电商直播活动的标题来说，关键词就显得尤为重要。如果标题的关键词清晰、简明，直播活动就容易被算法识别，推送给目标观众。观众看到关键词，如果符合其喜好，就会点击进入直播间。

（3）抓住直播“爆点”。一个好的直播标题除了要精准描述内容，还要展现活动“爆点”。如果电商直播活动的标题能够将内容完全地展现出来，就极有可能引爆平台。所以，直播团队要尽量挖掘电商直播活动的“爆点”，将其在标题中呈现出来，借此提高标题的辨识度。当然直播团队最好将电商直播活动的“爆点”放在标题开头，帮助观众明确内容，降低观众的观看成本。

（4）挑选高流量热词。直播团队在拟写标题时可以选用高流量热词，选择这类词时可以参考热搜指数、百度指数等。除此之外，在拟写标题之前，直播团队还可以通过百度指数查询相关商品的“需求图谱”与“用户画像”。让标题关键词与目标受众实现高度匹配。

（5）发挥数字的力量。相较于没有数字的标题，含有数字的标题可以让观众快速记忆。例如“商品清仓 品牌直卖”与“商品清仓 低至2折”，同样的内容，后一个标题会吸引更多观众点击进入直播间。

（6）巧用疑问句。陈述句、疑问句、感叹句是直播间标题最常用的句式，每一种句式都有自己的特色。其中，疑问句可以激发观众的好奇心，相较于感叹句来说，这种句式的引导效果更好。

（7）巧设悬念。在标题中设置悬念，借助标题讲故事不仅可以产生吸引力，增强感染力，还能提升传播力、引导力，吸引更多观众进入直播间。

（8）打破常规认知点。为了提升直播间的曝光度，一些直播团队在拟写直播标题时会“蹭热点”，导致平台出现大量同质化的标题，引起观众反感。在这种情况下，打造差异化标题就变得非常重要。例如，直播团队可以从热门事件中提取另辟蹊径的观点，将其植入标题以有效吸引观众。

（9）增强代入感。增强直播间标题的代入感是为了拉近主播与观众之间的心理距离，让观众从内心感受到直播活动的价值，从而对直播活动产生期待与认可。一旦观众产生通过这场电商直播满足自己购物需求的意愿，就会主动将其分享出去，为直播间带来更多流量，提升直播间的热度和转化效果。

活动六
美食类商品直播实战训练

活动描述

本次直播实战竞赛训练的商品类目为零食类商品。根据提供的店铺背景、商品资料信息，按照要求完成一场完整的直播。

活动实施

一、训练要求

1.店铺背景

庄园是一名电子商务专业的学生，为了能将专业知识和技能学以致用，和两位同学利用业余时间开了一家网店，主要经营零食商品。店铺的商品都比较适合年轻人，价格也低，所以店铺回头客很多，日常销量较大。明天正好是开店两周年，庄园打算进行一场直播，回馈店铺的新老粉丝。选手根据要求自行选择6款商品，完成表4-3。

表4-3　商品资料

序号	商品名称	商品图片	商品介绍
1			
2			
3			
4			
5			
6			

2.竞赛要求

各团队以庄园直播团队身份，根据店铺情况、商品资料等，策划并执行一场时长为120分钟的直播，完成直播策划、现场直播、直播复盘。具体要求如下：

（1）确定直播主题与目标具体要求：依据背景资料进行数据的整理和分析，根据分析结论，规划本次直播的商品数量，挑选直播推广的商品种类，确定目标商品定位，最终确定直播主题与直播目标。

（2）选品与排品的具体要求：①根据直播时间合理安排选品数量及种类。②确定引流款商品、利润款商品、形象款商品。③确定一款直播主推商品。

（3）商品上架的具体要求：设置直播商品上架要素信息。其中，主推商品上架要素包括商品标题、商品关键词、商品规格、商品价格、库存、商品主图与辅图及商品详情描述；非主推商品上架要素包括商品价格及库存等。

① 图片要求：依据基础素材，使用Photoshop软件完成主图、辅图及图文介绍的制作。

② 商品详情描述要求：商品详情描述采用图片或图文混排的形式，可以包含商品展示、包装信息、参数信息、物流信息、售后信息、顾客好评截图等。

（4）宣传物料制作的具体要求：依据直播主题及直播选品等，进行直播封面和预热短视频的制作。

① 直播封面的要求：尺寸720像素×1 280像素，大小不超过2MB；包含直播主题、直播时间、引流款商品、直播活动等信息；具备良好的视觉体验，能引导观众点击进入直播间。

② 预热短视频的要求：使用剪辑软件，根据背景资料中的图片素材进行制作，大小不超过500MB；视频内容贴合直播主题，并能引导观众进行传播；视频画面构图合理、美观。

（5）脚本策划的具体要求：完成全场脚本话术的编写。互动活动包括优惠券活动、抽奖活动、秒杀活动等。单品讲解包括引流款商品、利润款商品、形象款商品等。

（6）人员配置的具体要求：人员配置至少包含主播、助播、场控，人员职责设置合理、清晰。

（7）直播间设置的具体要求：完成直播预告信息的设置，包含直播间名称、直播时间、直播标题、直播封面、简介的填写以及频道栏目的选择、直播商品的配置。

（8）现场直播的具体要求：依据背景资料、商品信息及直播筹备情况等，使用手机完成一场120分钟不间断的直播。

① 主播要求：能够建立主播IP，与助播配合默契。

② 内容要求：直播内容契合直播主题与竞赛商品；直播时间分配合理，能在规定时间内完成直播活动；能迅速并有效地处理直播过程中的突发事件；直播讲解具有激情，能带动直播间气氛，可调动观众参与互动活动；商品讲解有较强的吸引

力与感染力，能引导观众下单。

（9）直播复盘的具体要求：撰写300字左右的直播复盘报告，至少包括直播数据分析与优化、主观分析等。

二、过程记录

按照训练要求完成竞赛项目，并填写表4-4、表4-5。

表4-4　直播记录

直播主题		直播日期	
直播人员		直播时间	
直播目标	观众总数		
	新增粉丝		
	付费人数		
	评论人数		
	销售量		
	销售额		
选品与排品	直播商品		
	直播顺序		
商品上架	添加商品		
	编辑商品信息		
直播预热	短视频拍摄内容		
	预热文案		
	其他推广		
人员配置			
直播间准备	直播场地		
	直播设备		
现场直播			
直播复盘	直播数据分析与优化		
	主观分析		

表 4-5　　直播脚本

流程	时长	步骤	直播稿内容	备注
开场		开场介绍		
		发红包、宣布福利		
预告		预告商品		
讲解商品		讲解第一款商品		
		发放福利		
		讲解第二款商品		
		发放福利		
		讲解第三款商品		
		发放福利		
		讲解第四款商品		
		发放福利		
		讲解第五款商品		
		发放福利		
		讲解第六款商品		
		发放福利		
返场		回顾商品，完成所有活动		
结束		结束		

三、训练评价

根据训练情况，完成直播电商竞赛训练评价（见表 4-6）的填写。

评价标准：

优——能够非常熟练地完成相关考核项目，并且各项表现完美。

良——能够较熟练地完成相关考核项目，并且各项表现比较好。

中——能够熟练地完成相关考核项目，并且各项表现合格。

差——不能熟练完成相关考核项目，并且各项表现不合格。

表 4-6　　直播电商竞赛训练评价

考核项目	评价要点	等级				备注
		优	良	中	差	
直播主题与目标	直播主题明确，能精准定位人群和市场					
	能根据同行情况合理设置开播的数据目标					
选品与排品	商品选择具有用户需求大、关注热度高、性价比高、有卖点、复购率高的特点					
	直播商品结构合理，符合排品规则					
商品上架	成功完成商品上架					
直播预热	能够多渠道进行直播预热					
	预热文案、直播封面具有吸引力					
直播脚本	直播开场包含开场介绍、热场活动					
	直播开场设置有福利条件					
	详细讲解商品前，将全场商品进行预告					
	商品信息准确、翔实					
	商品核心卖点突出					
	福利优惠具有一定的吸引力					
	商品介绍全面、重点突出、活动到位					
	结尾有感谢、有预告，能再次提醒观众					
	关注主播					
	直播环节完整，过渡自然					
	时间安排合理					
配置人员	团队分工明确、合理，成员配合密切，互补互助					
直播物料	直播场地的背景与商品搭配协调					
	直播设备准备充分					
现场直播效果	直播过程流畅，处理问题灵活，讲解有较强的吸引力与感染力					
直播复盘	能精准采集直播的有效数据					
	能客观分析直播中遇到的问题					
	对直播中发现的问题提出解决方案					

活动总结

请你利用所学知识，帮助庄园一起总结本次直播实战训练的完成情况。

____

____

____

案例赏析 4-1

美食类品牌直播解析——“王小卤”

“王小卤”是一家主打卤味的电商品牌，成立于2016年，旗下主要产品有虎皮凤爪、无骨凤爪、卤猪蹄、麻辣牛肉等，以“川卤”与“酱卤”的结合为特色。

作为一个零食类新品牌，在2020年“6·18”期间，“王小卤”的虎皮凤爪销售额突破千万元，增速高达3 000 %，击败了众多泡椒凤爪品牌，成为鸡肉零食类目第一名。

“王小卤”直播营销策略包含以下几个方面。

1.选择平台与主播

2019年年初，直播带货刚刚兴起，“王小卤”就进军直播电商领域，最先选择投放淘宝直播“陈洁 kiki”的直播间，取得了不俗的销售业绩。自此，“王小卤”品牌正式入驻天猫，开设天猫旗舰店，在更多的直播间投放商品，并且在2020年6月18日前开始自播。“王小卤”主要以微博、哔哩哔哩、小红书、抖音等平台作为推广渠道，以天猫、有赞作为销售渠道，利用微信社群转化与沉淀私域流量。

2020年，“王小卤”出现在“烈儿宝贝”和众多名人主播的直播间。头部主播带动更多“达人”为品牌带货，让品牌获得声誉和销量的双重提升。

除了头部主播与名人主播外，“王小卤”还根据品牌的用户画像寻找合适的KOL，且KOL的合作并不局限于头部，腰尾部都会涉及，利用头部KOL的带货性和腰尾部KOL的精准性来打“组合拳”，通过“N+1”的模式在几个大流量阵地进行推广引流。

“王小卤”不仅选择覆盖方便速食、南北干货、地方小吃等与品牌关联性强的标签的主播用来扩大品牌知名度，进行品牌渗透，还投放了覆盖护肤养肤、童装童鞋、家饰礼品等标签的主播，用来更大限度地触及品牌潜在用户。

2.确定精准的目标用户，锁定细分品类

如果商品品类不对，商品就很难成为直播爆品。“王小卤”之前主打熟食，经过不断地研发产品，并通过社群测试、主播品鉴、数据评测等方式进行研究，最终选定了做凤爪。“王小卤”历经4年的时间打造出卤味零食新赛道，虎皮凤爪成为品牌转型之作。

猪蹄是“王小卤”的品类之一，属于功能性熟食，所含的胶原蛋白非常丰富，但也因为肉感较肥而容易腻，再加上骨头较大，人的吃相不会太优雅，食用场景受限。

相比之下，凤爪堪称零食界的“宝藏”品类——肉质劲道不腻，无饱腹感，更关键的是人们在啃凤爪的同时能够暂时抛掉烦心事，专注“吃”的整个过程，故而啃凤爪还被年轻人赋予了减压功效，所以他们为凤爪贴上“零食”的标签。

3.优质的产品是成为直播爆品的关键

无论消费市场怎样变化，对消费者来说，产品本身才是征服他们味蕾、俘获他们心智的关键，也是一个品牌爆红的关键。“王小卤”直播最成功的产品便是其主推的虎皮凤爪。王小卤通过虎皮凤爪“出圈”，不断塑造着凤爪的品牌形象，建立“凤爪就选王小卤”的消费者习惯。

（1）塑造IP形象

“王小卤”虎皮凤爪的包装上体现出“王小卤”立体化的IP形象，特地将“卤”字印在了卡通人物的衣服上，正面背景加入了“食鸡运转”的字样，不同的口味有着不同的包装颜色，强调了产品的特色。

产品包装以橙色、红色等暖色系作为整体风格的主色调，品牌名字和产品信息用白色来凸显，对比强烈，视觉冲击感强。另外，以暖色系作为主色调，不仅能快速吸引消费者的视线，更重要的是暖色调的颜色通常营造温馨、热情、活泼的氛围，能带给人愉悦的感受。

除了形象设计外，“王小卤”的产品文案也具有浓厚的趣味性，如“中华卤味，拔袋相助”等，既贴合品牌定位，准确地展现了产品特性，又能带给消费者一种有趣并带点正义、侠气的感觉。

（2）打造产品差异化

只有优质的产品才能赢得消费者的信任，让消费者放心购买，好的产品才能有好的口碑。“王小卤”虎皮凤爪之所以好吃，有以下三大原因：

①产品选材严格

虎皮凤爪的个头普遍比别家的大，有规定克数，每个鸡爪一般都在40g左右，克数严重不足的不会被采用。这样的产品更容易给消费者留下深刻的印象。

②改善产品制作工艺

“王小卤”改善了产品制作工艺，先炸后卤，一秒脱骨。在“王小卤”之前，零食类目中的鸡爪食品以泡椒凤爪居多，鲜有虎皮凤爪。很多人不爱吃鸡爪的一个主要原因是难啃，鸡爪上的肉本就不多，如果不能轻易脱骨，就容易吃得满手都是油，影响自己的形象。

“王小卤”以此为突破口，重点宣传产品制作工艺是“先炸后卤，一秒脱骨”。营销话术：“七成油温慢炸，将鸡爪炸透，保证鸡爪起足虎皮的同时肉质酥烂；然后再用秘制卤汤慢熬8小时，让鸡爪变得软烂鲜香，能够轻易脱骨。”该话术通过关键词“七成油温”“慢熬8小时”突出产品的特性，强化消费者认知。

③干净卫生

“王小卤”的虎皮凤爪在制作完成以后要经过超高压杀菌技术进行灭菌才可入市销售，食品新鲜、干净、卫生，保证了食品的安全。

(3) 产品完善升级，提升消费者体验

先前市面上的多数鸡爪制品没有去指甲，在很多消费者看来，鸡爪的指甲看起来总有种不干净的感觉，很多消费者因此原因不购买鸡爪产品。

基于这样的消费者需求，“王小卤”的虎皮凤爪都是由专人剪过指甲的鸡爪。根据消费者需求升级的产品更受欢迎，去掉指甲的凤爪不仅让“王小卤”拓宽了目标消费群体，提升了消费者体验，还抢占了消费者的消费习惯，为产品打造了差异化特色。

在产品口味的迭代上，“王小卤”其实一直在升级，口味反复调试。当研发出新口味的产品时，“王小卤”会先在公司内部做测试，公司员工意见统一，都觉得好吃了会进一步在社群做测试，社群中能够有90%以上的粉丝说好吃，这款产品才会生产上架。

“王小卤”的成功在于选对了直播赛道，精准锁定了细分品类，成功地塑造品牌形象，多维度强化用户体验，邀请用户参与产品共创，从而打造出受用户喜欢的爆款产品。

思考题

1.美食类商品直播营销话术规范有哪些？

2.美食类商品直播营销话术设计要点是什么？

3.观看两场美食类商品带货主播的直播，记录主播的直播营销话术要点，并进行对比。

4.选择6种食品，如牛排、椰子等，分析商品卖点，包括其成分、功效、性价比等，撰写一份直播营销策划方案，并依据策划方案模拟直播场景。直播过程中，重点注意商品讲解技巧及营销话术的运用，注意与用户互动，把控直播节奏，营造活跃的直播氛围。

模块五

美妆类商品直播

美妆商品直播作为电商直播的热门赛道之一，始终是各大品牌商家“刺刀见红”的主要“战场”。很多知名美妆品牌都早已将品牌自播纳入常态化运营。美妆行业直播带货是一个非常有效的销售渠道，通过不同的直播带货模式，可以吸引更多的受众，提高产品的销售量和品牌的知名度。新零售将打开数据壁垒，实现线上、线下的互联，使商家能够全面、准确、快速地了解消费者。本模块将从美妆类商品直播间的搭建、直播带货模式、直播讲解要点、直播脚本范例解析、直播实战训练五个活动进行讲解。

学习目标

【知识目标】

1. 了解并掌握美妆类商品直播间的搭建方法；
2. 了解美妆类商品直播带货模式；
3. 掌握美妆类商品直播的讲解要点。

【技能目标】

1. 能够撰写美妆类商品直播脚本；
2. 能够完成美妆类商品直播。

【思政目标】

1. 培养学生在直播时的自信心；
2. 培养学生自我激励的意志；
3. 遵守职业道德，在进行网络直播时传递正能量，感受诚实做人做事的美好，树立诚信意识，理解诚信的重要性，践行诚实守信的要求。

活动一
美妆类商品直播间的搭建

活动描述

姗姗是一名中职电子商务专业的二年级学生，她在平时非常喜欢观看美妆类商品直播。还有一年就要中专毕业了，姗姗想在电商直播这个方向谋得自己未来就业之路。

美妆类商品直播间千千万，如何才能脱颖而出？除了在产品和主播层面下功夫之外，直播场景的创新也是重中之重。新奇的场景能吸引观众目光，给观众保持足够的新鲜感，为主播争取更多时间揽客、留客，促成下单。对于像姗姗这样的普通美妆类目商家，如何搭建一个专业的直播间？

活动实施

美妆类商品直播间在搭建方面要求商品摆放美观，使直播画面呈现层次感，强化纵深度，能够突出商品卖点，以便于主播进行商品营销，如图5-1所示。

图5-1　美妆类商品直播间

1.场地大小

一个专业的品牌直播间应该做到货品琳琅满目而不拥挤，既能让用户感受到直播间的整洁，营造视觉上的舒适感，又不会过于凌乱逼仄。美妆类商品直播间需要8~15㎡的空间面积，如果场地面积充裕，例如线下专柜门店，可以选择20~50㎡的空间。在功能区的划分上，美妆类商品直播间一般分为直播区域、样品区域、控制区域（灯光、操作区域）以及化妆休息区。

2.场景布置

直播桌要足够大，方便放置当天直播的所有选品，另外，背景上可以放置美妆展示柜，譬如一整面墙的口红或护肤品。产品堆放的画面要有层级感（如图5-2所示），增加视觉冲击力，如果有奖牌、奖杯等，也可以放置在背景架上，增强信服力。

图5-2　直播间场景布置

不想花费高额装修成本，或直播间还处在“毛坯房”阶段的品牌商家也可以选择虚拟背景直播的方式，不仅能帮助商家省钱省力，也能同时赋予直播间更多的创意可能，助力品牌商家解锁多样化直播场景。

3.直播画面布局

美妆类商品直播间画面由主播、直播背景、评论区、产品展示区构成（如图5-3所示）。具体画面布局可以参考花西子、自然堂等大牌直播间的布局：统一的上方10%品牌滚动灯带+中间80%品牌KV色调+10%下方“官方正品”。通过色调或品牌调性来搭建背景，贴片结合主色调突出关键信息，桌陈整洁直观，主播妆容服饰精致大方，从整体上凸显节日大促感。

另外，有线下专柜和卖场门店的品牌商家也可以尝试“大卖场”的直播模式，满屏的产品配合福利价，可以更大限度地抓住用户的眼球，进而引导其下单购买。

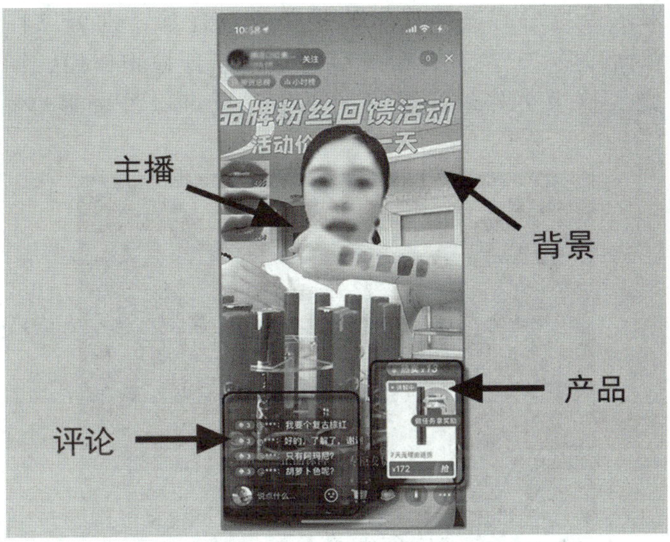

图 5-3　直播间画面组成

4. 直播布光

美妆类商品直播间对光线的要求较高，光线要求柔和均匀，尤其是人物面部，要避免出现较浓重的阴影，光线不足时，容易暴露出皮肤的缺陷。在灯光布局上，美妆直播较为常用的就是三灯布光法。

首先，可以在主播正前方稍高位置放置一盏主光（可用环形灯替代），在主播左右前方 45°方向各放置一盏深抛灯光或球形灯作为辅光（如图 5-4 所示）。这样制造的大面积柔光能让直播间背景和主播都被照亮，使整个画面明亮通透，并匹配美妆品牌的高级感调性。

图 5-4　直播布光——主光布局

另外，如果主播身后有需要展示的货架或者背景，则可以将其中一侧的深抛灯光往主播背面后移15°左右，给身后的背景起到补光作用，同时也能保证给主播一个轮廓光。追求更好灯光效果的小伙伴也可以参考多灯布局（如图5-5所示）。

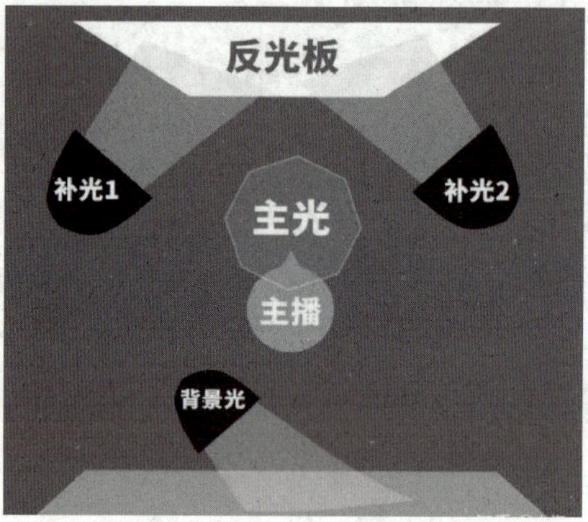

图5-5 直播布光——多灯布局

其次，建议根据光源与墙壁、人物之间的角度进行调试设置。主播的脸部光线要均匀，不能出现阴阳脸，彩妆护肤品类建议灯光多用冷色系的白光，让产品有最佳的展示效果。

5.直播小道具

在直播讲解过程中，提前准备一些辅助产品说明的小道具，譬如展示板和小黑板。美妆直播可以将什么肤色选择什么色号，或者什么场合选择哪一款，写在展示板或者小黑板上，方便用户直观地看到产品特点和区别。

6.直播机位

美妆机位要利用中景距离，方便主播展示产品。可将主机位架设在人物主体的下巴平齐位置，中景拍摄主播妆容。

美妆教学测评的品牌商家，如果想同框展现主播妆容及产品细节，建议采用双机位拍摄，通过智能直播设备打造多机位画中画效果，方便用户实时捕捉产品特点。

活动总结

请你利用所学习的知识，帮助姗姗搭建一个美妆类商品直播间，说明从哪些方面进行搭建及注意要点。

活动二 美妆类商品直播带货模式

活动描述

姗姗非常喜欢化妆，在学校考取了初级化妆师资格证。目前她已经完成了直播间的搭建，那么采用哪种直播带货的模式来进行美妆类商品的直播呢？

活动实施

美妆行业是一个非常适合直播带货的行业，因为直播带货可以让观众更直观地了解产品的效果，同时也可以增加购买的信心。目前，美妆类商品直播带货的模式有四种，见表5-1。

表 5-1　美妆类商品直播带货模式

直播带货模式	特点
化妆师直播带货	化妆师可以通过直播展示化妆技巧和产品使用方法，同时向观众介绍和推荐美妆产品。这种模式可以增加购买的信心，因为化妆师会展示产品的效果，并且向观众解答关于产品的问题
KOL/达人直播带货	KOL/达人可以通过直播展示自己的化妆技巧和使用心得，同时向观众介绍和推荐美妆产品。由于KOL/达人通常有大量的粉丝和关注者，因此这种模式可以吸引更多的观众
品牌直播带货	美妆品牌可以通过直播展示自己的产品和品牌形象，同时向观众介绍和推荐产品。这种模式可以增加品牌的知名度和认可度，同时也可以提高产品的销售量
商场/专柜直播带货	商场或专柜可以通过直播展示自己的产品和品牌形象，同时向观众介绍和推荐产品。这种模式可以让观众更好地了解产品，同时也可以增加品牌的知名度和认可度

活动总结

请你利用所学知识，帮助姗姗选择一种带货模式，并说明该模式的优缺点。

____

____

____

活动三
美妆类商品直播的讲解要点

活动描述

姗姗根据自己的实际情况，决定采用化妆师直播带货模式进行直播。对于她要推荐的美妆类商品，她需要从哪些方面进行讲解才能让观众尽快地被“种草”呢？

活动实施

在直播间推荐美妆类商品时，主播要介绍商品的品牌、产品成分、产品功效、使用感受等，见表5-2。

表5-2　美妆类商品的介绍方向与内容

介绍方向	内容
品牌故事	品牌故事详解包括品牌创建和发展过程中难忘的新闻，可以是品牌创始人，也可以是发展过程中的大事件。在介绍时要强调品牌理念，加强用户对品牌的认知，提高品牌感染力
产品成分	化妆品成分的关注度越来越高，越来越多的人关注产品的相关成分。消费者经常会因含有某种有效成分的产品而产生购买行为。主播可以提前针对成分做充分作业，方便直播时详细讲解
产品功效	这部分是必须详细说明的关键，很多直播的大部分时间都放在详细说明产品的效果上，这也是消费者关注产品的一个层面。不要夸大其词或虚假宣传产品的效果，建议客观公正地进行说明
产品质量	可呈现出产品的润泽度、延展性等
使用感受	主播可以从使用前、后皮肤状态对比，向直播间的粉丝反馈
同类产品的比较	选择市场上其他同类产品，分析、比较不同，强调直播间产品的优势

美妆类商品的展示有很多详细的地方，包括但不限于产品的外观设计、产品质量、使用说明、使用效果、使用技巧等。例如，使用说明方面，要能说明使用后脸部改变效果的表现，外观特征；产品外观设计方面，要介绍产品的使用价值和设计是否好看，使用是否方便。

以粉底、眼影为例，在展示这类商品的使用效果时，主播可以先在手臂上试色，向粉丝呈现上妆效果，适用于效果明显的化妆、洁面、卸妆等，直观地向用户展示商品的局部使用效果；然后在脸上使用商品，向用户展示整体使用效果。分享使用技巧时，主播边化妆边展示产品，边展示化妆步骤边带入产品，粉丝可以直观看到使用效果。

常见美妆类商品的讲解要点见表5-3。

表5-3 常见美妆类商品的讲解要点

商品类型	讲解要点
底妆类	色号、适合的肤质、持久度、滋润度、遮瑕度等
唇妆类	色号、持久度、滋润度，是否容易沾杯，适合搭配何种腮红、眼妆等
修容类	质地（粉状或膏状）、颜色（如偏红、偏灰）、是否飞粉、是否适合晕染等，并向用户演示使用该商品修容的方法，展示使用前后的对比效果
遮瑕类	适合的肤质、遮瑕度、滋润度等
眼妆类	眼线：颜色、持久度、防水性、使用寿命、使用起来是否顺滑等
	眼影：质地、显色度、延展度、细腻度、持久性、是否飞粉等
	眉笔：颜色、成分、质地是否柔和、持久度、防水性等
	睫毛膏：持久度、刷头形状、功效（让睫毛显浓密、显卷翘等）、是否有“苍蝇腿”等
化妆工具类	商品的用途、材质、使用方法、使用感觉等，并向用户展示使用方法
卸妆类	质地是否柔和、卸妆效果（可以将彩妆画在手臂上，并使用直播商品进行现场卸妆）、商品适用的场合（例如，卸妆湿纸巾适合在外出乘车、乘飞机等场合使用）
洁面类	适合的肤质、商品成分、使用方法、起泡情况、清洁强度，使用时间（早上或晚上），是否具备卸妆效果，洗完脸后是否有紧绷感等
面膜类	功效（补水、美白、抗皱等）、成分、使用方法（尤其是比较新奇的面膜，要向用户演示其使用方法）、精华液含量等
面部护肤类	主要功效（美白、补水、淡斑、抗皱等），有效成分、适合肤质、使用方法、使用后的感觉等
美容工具类	功效、使用方法、使用效果、商品安全保证、商品质量认证等

活动总结

请你利用所学知识，任选一类美妆商品，与姗姗一起完成模拟讲解。

活动四
美妆类商品直播脚本范例解析

活动描述

姗姗完成了直播前期的准备工作。但是临近直播，她非常迷茫，不知道该在直播中做哪些事情，也不知道该说些什么，这时候就需要在直播前准备好直播脚本。那么她该怎么做呢？

活动实施

【范例】——“超清爽的夏季晚间护肤流程”直播

“美妆GO”致力于探索时尚趋势，主营“高品质、精设计”的时尚彩妆商品。该店铺在抖音上有一个5万粉丝数的账号，计划于7月7日在抖音上举办一场以“超清爽的夏季晚间护肤流程”为主题的专场直播。

“超清爽的夏季晚间护肤流程”直播案例

1.直播概况

（1）直播主题：超清爽的夏季晚间护肤流程。

（2）直播时长：60分钟。

（3）直播目标：通过分享夏天的保养技巧，直击消费者痛点，吸引消费者下单。具体目标如下：观众总数：1 000人；新增粉丝：100人；付费人数：50；评论人数：50；销售额3 000元。

2.选品与排品

（1）卸妆湿巾：30片，15元（引流款商品）。

（2）黑金洁面：120g，59元（利润款商品）

（3）绿茶面膜：10片，99元（形象款商品）。

3.商品上架

添加直播推广的商品，编辑商品标题、关键词、价格、运费、规格、上架数量、商品主图、辅图、主图视频、详情图等信息。

4.预热物料的制作

（1）拍摄预热短视频，适度投放DOU+推广，为开播集结人气。

（2）发布微博预热文案，通过站外为直播间引流。

（3）提前发布直播预告，包括直播标题和封面等。

5.脚本策划

“超清爽的夏季晚间护肤流程”直播脚本见表5-4。

表5-4　“超清爽的夏季晚间护肤流程”直播脚本

流程	时长	步骤	直播稿内容	备注
开场	1分钟	开场介绍	大家好，欢迎大家来到“美妆GO”直播间，我是今天的主播曼玉。 宝宝们先点击主播头顶上方的关注。主播一会儿给大家分享夏天保养的小秘籍，让你做夏日最甜美的女孩	打招呼
	4分钟	发红包、宣布福利	我们今晚的主题是“超级清爽的夏季晚间护肤流程”。关注曼玉有福利哦！直播间点赞数达到3万、5万、7万的时候，我们会抽奖送出洁颜油礼品。 茫茫人海遇见你，点个红心最爱你。 宝宝们赶紧把我们的直播间分享给你的亲朋好友，一起来领福利吧！ 话不多说，先来波大红包。宝宝们准备好，手慢无哦	宣布福利，聚集人气，提醒分享直播间
预告	3分钟	预告商品	宝宝们，今天我们的夏日新品上市，所有商品的价格都是非常实惠的哦！ 今天带给大家的分别是卸妆湿巾、黑金洁面和绿茶面膜	告知所有商品及商品上架顺序
讲解商品	9分钟	引入第一款商品	大家夏天是不是最怕黏腻，晚上脸油油的不舒服？自暴自弃、不做护肤是不行的，会让皮肤出油更旺盛，所以夏季护肤的主题就是清爽、补水、好吸收。 第一款商品自然就是我们的卸妆湿巾了	扩大需求，阐述痛点，增强商品优势
		讲解第一款商品	这款卸妆湿巾是店里刚刚上市的新品，其实我已经拿到一段时间了，一直在用，根本停不下来。因为真的太方便了！真的是我这种懒人的福音。 一盒50片，每片都是独立包装，非常方便携带。小小的一片，展开就可以卸掉全脸的妆容，卸得超级干净又舒适。 我眼睛有时候比较敏感，这款商品完全不会熏到眼睛，它的成分很温和，敏感的肌肤在使用时都毫无压力。而且我经常出差，这款商品可以随身携带。 来，给大家展示一下它的卸妆力（手上涂眼线、口红、粉底……用卸妆湿巾卸除）	以商品展示为主
	3分钟	促销第一款商品	这款卸妆湿巾真的好用，我们团队的小伙伴都自留了，宝宝们赶紧抢哦！原价45元，针对我们粉丝肯定不能是这个价，对不对？ 听好！第一份45元，第二份5元，再另外赠送一份！等于50元拿到几份？三份！宝宝们拼手速了，只有300单，限量300单，拍完就没有啦	阶梯式降价

续表

流程	时长	步骤	直播稿内容	备注
讲解商品	3分钟	发放福利	哇，直播间的点赞数已经达到两万了，宝宝们真是太给力了！我们要抽奖了，你们准备好了吗？请把“美妆GO”打在公屏上！ 我们将抽取第一轮的5位幸运儿，免费送出洁颜油礼品，记得先关注主播哦。看看谁的运气比较好，相信识货的宝宝运气都不会太差。 我们的运营小姐姐已经准备好要截屏了，宝宝们准备好了吗？喊出我们的“美妆GO”，开始倒计时：五、四、三、二、一，截屏！ 一起来看看幸运的三位宝宝，分别是×××、×××、×××。恭喜你们，可以联系我们的运营小姐姐，她稍后为你们送出礼品。其他宝宝不要灰心，我们还有两波抽奖活动，先关注主播吧	福利留客
	25分钟	（第二、三款商品模仿第一款商品进行介绍）		
返场	10分钟	回顾商品，完成所有活动	回顾所有商品，对主推商品进行重点介绍。抽取最后一次福利并截屏	
结束	2分钟	结束	直播即将结束，感谢大家的购买！关注主播不迷路，感谢大家关注咱们直播间。明天，我们有更多福利送给大家，期待大家到来，今天就到这里了，宝宝们再见	再次提醒观众关注主播

6.引流推广

设置渠道、预算、时间、投放组合，并进行粉丝群推广。

7.人员配置

（1）主播：曼玉，主要负责梳理商品特点，准备直播要点、现场直播和答疑。

（2）助播：小宁，主要负责准备直播封面（直播主题、直播时间、直播商品名）、测试直播账号、现场布景、设备调控，在直播过程中根据实际情况进行DOU+投放。

（3）场控：欣欣，负责直播现场的进度把控、客服答疑。

8.直播间的准备

白板、笔记本电脑、直播落地架、麦克风、柔光美颜补光灯、专业声卡。

9.现场直播

依据脚本完成60分钟直播；直播时间分配合理，能在规定时间内完成直播活动；能迅速并有效地处理直播过程中的突发事件；直播讲解富有激情，能带动直播间气氛，可调动观众参与互动活动，并引导观众下单。

10.直播复盘

针对本次直播的流量、新增关注、销量等数据及效果进行复盘分析，直播复盘总结至少包括直播数据分析、推广效果分析、直播效果分析、复盘与优化等。复盘过程需细致严谨，做到实事求是、精益求精。

活动总结

请你利用所学知识，帮助姗姗一起撰写一份美妆类商品直播脚本。

____

____

____

知识拓展5-1

如何撰写专业的直播脚本

直播脚本可以分为两种类型：一种是单品直播脚本；另一种是多品直播脚本。

1. 单品直播脚本

单品直播多见于新手主播或者新品上市，其直播脚本模板见表5-5。

表5-5　单品直播脚本模板

××商品直播脚本	
直播主题	2024年春季新品发布会
主播	主播昵称
主播介绍	例如，时尚博主、网红主播、粉丝数量等
内容提纲	
前期准备	明确直播目标、直播宣传预热、人员分工、设备检查、商品梳理
开场预热	自我介绍，与观众进行互动
品牌介绍	介绍品牌相关信息，引导观众关注店铺
直播活动介绍	介绍直播福利、直播流程，进行引导
商品讲解	多角度介绍商品，语言生动，富有感染力
商品测评	立足于观众角度，全方位体验商品
观众互动	案例讲解、故事分享、解答观众疑惑
试用分享	对商品进行客观评价，分析商品的优势与不足
抽取奖品	在抽奖过程中穿插观众问答
活动总结	强调品牌、活动及个人
结束语	引导观众点击关注，预告下一场直播
复盘	对直播活动进行总结，发现问题并进行调整，优化完善

2. 多品直播脚本

多品直播脚本可以以大纲形式呈现。直播带货的核心是销售和推广，主播需要通过对直播内容进行合理安排来提高销量，为直播设计大纲，有利于主播对直播流程的掌握。主播可以先将一次直播分为不同阶段，再设计每个阶段需要做的事情。

（1）前5分钟，开场预热，聚集人气。直播需要一个开场，将直播间预热。一方面，并非所有观众都能在第一时间准时进入直播间，需要一个缓冲的时间，等候观众进入；另一方面，在预热过程中，主播可以与观众互动，打造人格魅力。

直播的前5分钟主要做四件事：

①自我介绍，强调关注主播并分享直播间。

②和观众互动聊天、拉家常，快速拉近主播与观众的距离。

③发红包或抽奖，快速提升直播间热度。

④宣布福利，留住观众，最大限度地吸引观众进入直播间，有效提升转化效果。设置福利条件，如点赞数达到500或直播间人数达到1 000、2 000时发送福利。宣布福利内容，如抽奖、抢红包、送限量口红、免单或超低折扣等。号召观众互动刷屏，留住观众，如“想要的宝宝给主播扣个1”。

（2）第6~8分钟，预告商品，明确流程。

①告知观众本场直播的所有商品。

②明确各款商品介绍和上架的顺序及时间。

（3）第9分钟起，讲解商品，引导下单。此时逐个推荐商品，合理设计每款商品的时间和话术，把握节奏。每款商品安排的时间可以根据总时间来设定，如利用15分钟完成介绍商品的六个步骤，见表5-6。

表5-6　15分钟介绍商品的六个步骤

步骤	操作	具体内容
1	商品详解	介绍商品时可以从品牌魅力、官方资质、商品功效、价格、成分、包装设计、促销力度、竞品对比、专家背书、口碑、网友好评等方面展开阐释。全面介绍的好处是增加打动观众的机会，提高转化率
2	提炼卖点	介绍每一款商品时，先提炼出一个或者两个商品的主推卖点，并在有限的几分钟内把商品的卖点讲透
3	商品测试	区别于图文或者短视频广告，直播的优势在于主播能够现场试用商品，一切都是实时动态的。分享使用体验与效果，验证商品功能，以激发观众的使用需求与购买欲望
4	商品答疑	普通观众的评价可以快速提升商品可信度。在商品介绍过程中，主播一定要实时观看观众的提问或者评论，并做出详细讲解，同时鼓励观众说出对商品的正向评价
5	催促下单	在商品介绍的后期，话术一定要更务实和落地，以催促观众下单为导向。比如，反复强调促销政策，如限时折扣、前××名下单送等价礼品、现金返还、随机免单、抽奖免单、七天退换货、包邮等促销活动
6	处理售后问题	妥善处理售后问题至关重要。很多主播由于忽视售后问题的处理，降低了其在粉丝群体中的信誉，造成了难以想象的损失。一方面，主播要做好与商家的对接，对直播推荐的商品进行严格把关，反复检查，以防商品出现质量问题；另一方面，主播团队要及时处理观众在购买后的反馈留言，针对负面评价及时回复，并做出补偿。一旦商品出现质量问题，主播要积极为粉丝出面，要求商家解决问题，做出赔偿。主播要始终将粉丝利益放在第一位，给予粉丝更多保障

（4）倒数第12分钟~倒数第3分钟，检查销量，二次推荐。简单回顾本次直播的全部商品，再次重点介绍主推商品和爆款商品，照顾后进直播间的观众，争取再次销售的机会。

（5）最后2分钟，商品预告，为下期直播预热。在这2分钟内，主播预告下期计划，为下次直播聚集人气，增加观众的黏度。

活动五 美妆类商品直播实战训练

活动描述

本次直播实战竞赛训练的商品类目为美妆类商品。根据提供的店铺背景、商品资料信息，按要求完成一场完整的直播。

活动实施

一、训练要求

1.店铺背景

SUN美妆店铺计划在3月8日举办一场以“女王节”为主题的专场直播，主要销售唇膏、粉饼等美妆类商品。选手根据要求自行选择5款商品，完成表5-7。

表5-7　商品资料

序号	商品名称	商品图片	商品介绍
1			
2			
3			
4			
5			

2.竞赛要求

各团队以SUN美妆直播队身份，根据店铺情况、商品资料等，策划并执行一场时长为60分钟的直播，完成直播策划、现场直播、直播复盘。具体要求如下：

（1）确定直播主题与目标具体要求：依据背景资料对数据的整理、分析，根据分析结论，规划本次直播的商品数量，挑选直播推广的商品种类，确定目标商品定位，最终确定直播的主题与目标。

（2）选品与排品的具体要求：①根据直播时间合理安排选品数量及种类。②确定引流款商品、利润款商品、形象款商品。③确定一款直播主推商品。

（3）商品上架的具体要求：设置直播商品上架要素信息。其中，主推商品上架要素包括商品标题、商品关键词、商品规格、商品价格、库存、商品主图与辅图及商品详情描述；非主推商品上架要素包括商品价格及库存等。

①图片要求：依据基础素材，使用Photoshop软件完成主图、辅图及图文介绍的制作。

② 商品详情描述要求：商品详情描述采用图片或图文混排的形式，可以包含商品展示包装信息、参数信息、物流信息、售后信息、顾客好评截图等。

（4）宣传物料制作的具体要求：依据直播主题及直播选品等进行直播封面和预热短视频的制作。

① 直播封面的要求：尺寸720像素×1 280像素，大小不超过2MB；包含直播主题、直播时间、引流款商品、直播活动等信息；具备良好的视觉体验，能引导观众点击进入直播间。

② 预热短视频的要求：使用剪辑软件，根据背景资料中的图片素材进行制作，大小不超过500MB；视频内容贴合直播主题，并能引导观众进行传播；视频画面构图合理、美观。

（5）脚本策划的具体要求：完成全场脚本话术的编写。互动活动包括优惠券活动、抽奖活动、秒杀活动等。单品讲解包括引流款商品、利润款商品、形象款商品等。

（6）人员配置的具体要求：人员配置至少包含主播、助播、场控，人员职责设置合理、清晰。

（7）直播间设置的具体要求：完成直播预告信息的设置，包含直播间名称、直播时间、直播标题、直播封面简介的填写以及频道栏目的选择、直播商品的配置。

（8）现场直播的具体要求：依据背景资料、商品信息及直播筹备情况等，使用手机完成一场60分钟不间断的直播。

①主播要求：能够建立主播IP，与助播配合默契。

② 内容要求：直播内容契合直播主题与竞赛商品；直播时间分配合理，能在规定时间内完成直播活动；能迅速并有效地处理直播过程中的突发事件；直播讲解具有激情，能带动直播间气氛，可调动观众参与互动活动；商品讲解有较强的吸引力与感染力，能引导观众下单。

（9）直播复盘的具体要求：撰写300字左右的直播复盘报告，至少包括直播数据分析与优化、主观分析等。

二、过程记录

按照训练要求完成竞赛项目，并填写表5-8、表5-9。

表 5-8　　直播记录

直播主题		直播日期	
直播人员		直播时间	
直播目标	观众总数		
	新增粉丝		
	付费人数		
	评论人数		
	销售量		
	销售额		
选品与排品	直播商品		
	直播顺序		
商品上架	添加商品		
	编辑商品信息		
直播预热	预热短视频	视频主题	
		视频角色	
		视频内容	
		发布渠道	
	预热文案		
	其他推广		
人员配置			
直播间准备	直播场地		
	直播设备		
现场直播			
直播复盘	直播数据分析与优化		
	主观分析		

表 5-9 直播脚本

流程	时长	步骤	直播稿内容	备注
开场		开场介绍		
		发红包、宣布福利		
预告		预告商品		
讲解商品		讲解第一款商品		
		发放福利		
		讲解第二款商品		
		发放福利		
		讲解第三款商品		
		发放福利		
返场		回顾商品，完成所有活动		
结束		结束		

三、训练评价

根据训练完成情况，完成直播电商竞赛训练评价（见表5-10）的填写。

评价标准：

优——能够非常熟练地完成相关考核项目，并且各项表现完美。

良——能够较熟练地完成相关考核项目，并且各项表现比较好。

中——能够熟练地完成相关考核项目，并且各项表现合格。

差——不能熟练完成相关考核项目，并且各项表现不合格。

表 5-10 直播电商竞赛训练评价

考核项目	评价要点	等级				备注
		优	良	中	差	
直播策划	直播各环节设置合理，脚本完整，语言丰富					
主播基本素质	主播体态：坐姿、站姿、走姿合理到位					
	主播表情自然					
	主播音量适中，语速平稳					
	主播手势表达正确、合理					
	主播外形干净利落					
	主播具有明显的个人特色					
	主播互动自然，能够与观众形成共鸣					
主播IP定位	主播IP与直播商品契合，并能体现出一定的内涵					

续表

考核项目	评价要点	等级				备注
		优	良	中	差	
直播内容挖掘	商品的卖点提炼准确					
	商品的相关内容使用得合理					
	直播场地与商品贴合					
	能够找出与同类商品的不同之处					
	传递健康的价值观，不违反平台规则					
	有合适的素材满足持续性创作					
直播亮点打造	主播拥有专业技能					
	直播风格明显					
	语言标签合理，有吸引力					
推广主播	充分展示主播优势					
	合理植入热点话题					
	特色活动有吸引力					

活动总结

请你利用所学知识，帮助姗姗一起总结本次直播实战训练的完成情况。

____

____

____

案例赏析 5-1

美妆类主播直播解析

“××公子”是快手平台上的美妆主播，拥有超过千万的粉丝，每场直播都能获得非常亮眼的销售成绩。下面就来解析“××公子”直播账号的运营策略。

1. 打造账号人设

鲜明的人设是做好直播的重要条件之一。“××公子”在打造人设方面主要具有以下两个特征。

（1）账号信息突出人设特点

在账号主页信息中，“××公子”从多个角度突出了自己的人设特点。首先，“××公子”的账号名称简单易记，易于传播；其次，“××公子”使用真人照片作为账号的头像和头图，让粉丝通过头像和头图对“××公子”形成了第一印象；最后，“××公子”充分利用了账号简介的位置来突出自身优势。“17 岁开始护肤，13 年美妆护肤经验，欢迎来我直播间学各种美妆护肤技巧”突显了自己在美妆领域的专业性，有利于提高粉丝的信任度；“立志将咱的美妆品牌发扬光大”彰显了“××公子”的价值观，拉高了“××公子”的个人形象。

（2）短视频内容强化人设

“××公子”是一个美妆账号，“××公子”会在快手账号中发布与美妆相关的短视频，不断地强化“美妆达人”这个人设标签。此外，“××公子”开通了视频号，并在视频号中发布化妆技巧、化妆品、“种草”等美妆主题的短视频，在微信平台上扩大“××公子”的影响力，提高其知名度，强化其“美妆达人”的标签。

2. 注重直播选品

“××公子”直播间内销售的商品涉及美妆、食品、家居生活等多个品类，在众多品类中，美妆类商品是“××公子”带货的主要品类，且以国内品牌为主，这就契合了“××公子”“美妆达人”人设定位。

“××公子”所属的MCN机构建有完善的商品供应链管理体系，严格把控招商选品、商品议价、商品发货、商品售后等各个环节，力争为粉丝提供高品质、超优惠的商品。在选品环节，“××公子”也会参与其中，从专业的角度为选品提供建议，优化直播间商品结构。

3. 多方位进行引流

在直播开始前，“××公子”会发布直播预热短视频。“××公子”发布的预热短视频类型较多：有的是说明直播时间，“剧透”直播中会有哪些商品；有的是重点强调直播间巨大的优惠力度，如直播间“秒杀”商品、红包及快手平台提供的超值奖品等，用超强的福利吸引用户进入直播间；有的是一个配有背景音乐的信息长图，其中展示了直播中将会出现的商品；有的是对某款重点商品进行介绍，讲解并展示该款商品的卖点，用商品吸引用户进入直播间，或者展示“××公子”在直播开始前的准备状态、工作场景等。

无论是哪种预热短视频，“××公子”都会为其添加具有吸引力的文案，该文案或突出直播商品的巨大优惠，或强调品牌专场、商品类型丰富等。同时，每条文案中都会明确直播的时间，提醒用户准时观看。

在账号主页中，“××公子”会设置直播预约，提醒粉丝预约直播。

除了在快手平台发布直播预热信息外，“××公子”也会在微博上发布直播预热信息，告诉用户直播时间或向用户“剧透”直播中将会有哪些商品。此外，“××公子”还会投放付费推广来为直播间引流。

在直播过程中，“××公子”会将直播中的某个片段以短视频的形式发布在快手平台上，为直播引流造势。这些由直播片段制成的短视频会重点突出直播商品的优惠力度、赠品价值等，当用户浏览这些短视频时就可能被吸引到直播间。

4. 商品讲解的特点

“××公子”在讲解商品时，主要有以下两个特点。

（1）介绍商品真实的使用效果

“××公子”一直坚持无美颜直播，在他的快手账号简介中，就写明“直播不开美颜”是为了向粉丝展示最真实的商品和商品使用后的真实效果。在介绍商品时，“××公子”会先将商品的总体属性介绍清楚，然后去试用商品，通过无美颜的镜头向粉丝展示商品真实的使用效果。

关于某款商品有什么缺点，××公子”会明确地告诉粉丝，不会为了刺激粉丝下单而故意美化商品。例如，在介绍一款染发剂时，有粉丝提问使用这款染发剂后时间长了染色的头发会不会掉色，“××公子”看到这个提问后，直白地告诉粉丝使用染发剂肯定是会掉色的，因为市场上就没有不会掉色的染发剂，如果有品牌说自己的染发剂保证不掉色，那就是骗人的。“××公子”这种性格特点有效地提升了粉丝对他的信任度。

（2）借助工具凸显商品的优惠力度

为了彰显直播间商品价格的优惠，“××公子”经常会在介绍商品的价格时使用计算器帮助粉丝计算商品的优惠力度。他还会使用照片展示商品线下专柜或天猫旗舰店的价格，与直播间内的价格形成对比，让粉丝直观地看到直播间的优惠。对于持有某种证书的商品，“××公子”会向粉丝展示其证书，以体现商品的品质保障。

5.粉丝的运营与维护

“××公子”会将品牌商的领导请到直播间里，在直播现场与品牌商的领导“砍价”，为粉丝们争取最优惠的价格、最多的赠品，这样既能体现自己“宠粉”的人设，又能活跃直播间的氛围。

“××公子”会在直播间中为粉丝们发放红包，或设置粉丝团抽奖活动，借助红包和超值的奖品刺激粉丝关注直播间、在直播间中参与互动，从而提高直播间的活跃度。

“××公子”还为自己的粉丝设置了专属昵称“×家人”，与粉丝之间建立了亲密的联系，拉近了与粉丝之间的心理距离。此外，“××公子”建立了粉丝团，邀请粉丝们加入，并为加入粉丝团的粉丝设置专属特权，这样有利于对粉丝进行层级化的管理，让不同层级的粉丝享受不同的权益，从而增强粉丝的忠诚度。

思考题

1.请思考美妆类商品直播间的搭建需要注意哪些问题。

2.撰写一份美妆类商品直播间搭建策划书，并尝试搭建实景直播间。

3.选择一款美妆类商品，如口红、眼影等，分析商品卖点，包括其成分、功效、性价比等，撰写一份直播营销策略策划方案，并依据策划方案模拟直播场景，直播过程中重点注意商品讲解技巧及营销话术的运用，注意与用户的互动，把控直播节奏，营造活跃的直播氛围。

模块六

服装类商品直播

随着数字化经济的飞速发展，互联网技术的不断进步，“直播+”模式的出现，促进了服装行业与数字经济的深入融合。数字化经济的发展促进了新零售模式的衍生，对于中国服装行业而言，“直播+电商服装”模式是当前服装电商品牌发展的重要趋势。随着网络直播逐渐向垂直化和差异化的方向发展，直播行业与垂直领域合作极具潜力，不仅能够使得直播产业实现商业价值，也推动了服装电商品牌更好地发展。当下我国服装行业直播电商的政策不断优化，科技的进步和产业链的成熟让消费者和直播团队的使用感越来越好。本模块将从服装类商品直播间的搭建、直播呈现方式、直播的讲解要点、直播流程、直播脚本范例解析、直播实战训练六个活动进行讲解。

学习目标

【知识目标】

1. 了解并学会服装类商品直播间的搭建方法；
2. 了解服装类商品呈现方式与销售技巧；
3. 掌握服装类商品直播流程；
4. 掌握并应用服装类商品直播带货话术。

【技能目标】

1. 能够撰写服装类商品直播脚本；
2. 能够完成服装类商品直播。

【思政目标】

1. 培养学生正确辨别、领会事物的美与传统文化元素；
2. 培养学生诚信、公道的品质；
3. 在学习中感悟大国工匠精神、服装大国情怀；
4. 领悟办事公道、服务群众的深刻内涵，应用到实际工作中。

活动一
服装类商品直播间的搭建

活动描述

娜娜是某服装公司的销售员。由于市场环境的发展，该公司决定开展直播带货模式，现在在全公司进行主播招募工作。娜娜想尝试一下，需要做哪些准备工作呢?

活动实施

直播间场景的搭建是直播的第一步。直播间场景的合理打造，不仅可以营造购物氛围，让用户产生购买场景代入感，还可以很好地强化品牌账号和产品的调性，从而增强粉丝对品牌和产品的信任感。

1.场地布置

（1）场地的大小

直播的类目决定了直播场地的尺寸要求，直播场地的大小要根据直播的内容进行调整。以站播场景应用最普遍的服饰箱包类商家为例，遵循饱满不拥挤的原则即可，满足前后纵深、空间能展示主播全身的需要，无须占用很大的空间。个人直播的场地标准为8~15㎡，可以有效节省成本；品牌团队直播为20~40㎡，大面积直播间更方便主播进行走秀和展示。该场地内需要有直播区域、商品挂置/摆放区域、换衣区等。服装类商品直播间如图6-1所示。

图6-1　服装类商品直播间

（2）场地的隔音

直播前需要检测场地的隔音和回音情况。如果隔音不好或者回音太重，都会影响直播的正常进行，可以在直播场地放置隔音棉，减少杂音。

（3）环境布置

为了直观地展示服装穿搭效果，直播间环境要保持光线清晰、环境敞亮、可视物品整洁。具体有以下几点注意事项：

①直播间镜头范围内切勿脏、乱、差，避免杂乱的陈列架、衣柜入镜。

②可以放置排列整齐的模特，具体数量视空间而定。

③直播间可以适当播放背景音乐，摆放一些小灯串，但注意音乐声不能太大，灯光不能太亮，否则会分散用户对直播间的注意力。

另外，直播间画面布局周边区域可以在衣架上摆满衣服，视觉上暗示观众直播间的款式非常多，极具吸引力。同时，直播间中放置地毯，可以增加质感，提升直播间环境档次和拉升产品客单价水平。

（4）直播间背景

直播间最好以浅色、纯色背景墙为主，以简洁、大方、明亮为基础进行打造，不能花哨，因为杂乱的背景容易使人反感。在颜色的选择和搭配上，尽量挑选简洁、明亮的颜色，如冰蓝、浅灰、浅棕，因为纯色和浅色在视觉上更精简，更容易突出主播。也可以选择同色系拼接搭配，看起来既舒适，又不显得千篇一律。背景墙颜色切勿太亮或太花哨，太亮极易导致画面出现反光，太花哨的话则会导致镜头出现虚焦现象。直播间背景根据主播形象或者主题进行调整，比如可爱风、成熟风、户外风、国风等，或呼应节日、季节的色彩，服装类商品直播间背景如图6-2所示。

图6-2 服装类商品直播间背景

2.直播拍摄

（1）拍摄的准备

在服装类商品直播中，主播通常采取站立直播的方式。在直播间的空间范围较小的情况下，为了让镜头中的直播画面看起来更具空间感、场景感，主播可以采取以下两个小技巧：

①主播站在对角线上：主播站在对角线上，可以使画面得到很好的纵深与立体效果，画面中的线条还可以吸引人的视线，让画面看起来更加动感、有活力，达到突出主体的效果。如图6-3所示。

图6-3　利用墙角做纵深效果

②主播后排多放物品：可以在主播的背后增加物品的摆放（沙发、衣架、模特等），这样整个直播间画面就会被切割成前、中、后三个部分，增加了直播间的长度，如图6-4所示。

图6-4　摆放辅助物品

除了沙发、绿色植物，直播运营团队还可以在直播区摆放以下物品：

①衣架/衣柜：衣架/衣柜上最好挂满当天直播所要销售的服装，体现商品款式的多样化。衣架/衣柜要摆放整齐，服装也要整理得非常整齐。

②假人模特：假人模特用于展示直播主推款商品。面积较小的直播间建议最多放置两个假人模特，面积较大的直播间可以根据空间灵活决定假人模特的数量。

③圆形或方形展示台：展示台可以辅助主播更好地展示服装的穿搭效果。

④地毯：在地面上放置一些与所售服装风格相配的地毯，增加直播间的高级感，提升格调。

⑤信息板：直播运营团队可以设置一个信息板，在上面写明主播的身高、体重，服饰尺寸，是否包邮，可试穿商品的序号等信息，便于用户自行了解，减轻运营团队客服的负担。

（2）机位的架设

为了使拍摄人物主体更清晰，拉升整体人物主体的视觉效果，建议机位不要架设过高，可以架设在人物腰部平齐位置。但机位架设得也不能过低，否则会造成仰拍的视觉效果，画面会显得突兀。使用摄像机作为摄像设备时，镜头建议使用35mm或者50mm的定焦镜头，光圈尽可能大一点，可以满足适度的背景虚化效果。

（3）声音的采集

建议采用声卡，一般的声卡都会有混响、降噪、变声等功能，一个好的声卡可以避免声音中的杂音、延迟失真等问题。声卡还可以让直播间的氛围更具有娱乐性。

3.灯光的布置

直播间的灯光要跟直播间场景、背景的整体做匹配，不要曝光太过，否则直播间的反射太多会影响整场直播的感观。灯光不仅可以营造气氛，塑造直播画面风格，还能起到为主播“美颜”的作用。在服装类商品直播间中，直播运营团队可以采取如图6-5所示的模式来进行灯光布置。

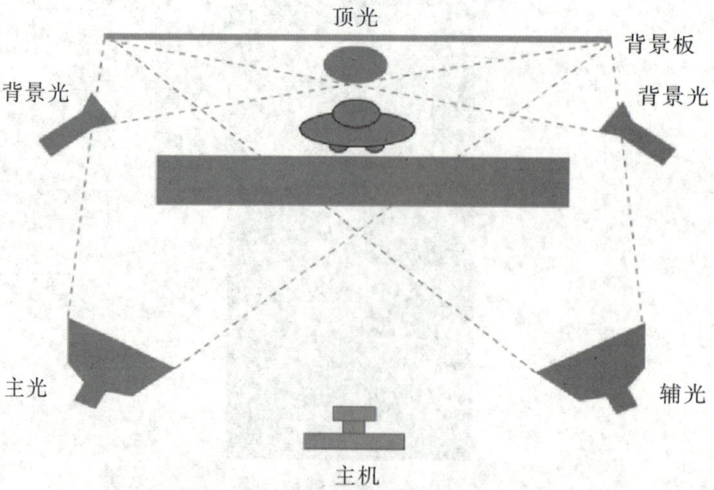

图6-5 服装类商品直播间灯光布置模式

主灯一般安装在直播间主播位置上方，顶灯光线要明亮，最好选择现在流行的LED灯。

补光灯摆放在主播的两边较远位置，注意不要出镜。补光灯不要对着主播的脸，在灯光较强的情况下容易出现脸部曝光的情况。如果是用手机直播的话，觉得灯光不太够用，又没有特别专业设备的话，可以用一些小的补光灯，加在摄像头上即可。

活动总结

请你利用所学习的知识，帮助娜娜搭建一个服装类商品直播间，说明从哪些方面进行搭建，及注意要点。

____

____

____

活动二 服装类商品直播的呈现方式

活动描述

娜娜在搭建完直播间之后，下一步工作要点是如何在镜头前将商品呈现给各位消费者。在直播间中销售和实体店销售有何区别呢？在直播中应该从哪些方面讲解商品呢？

活动实施

在电商直播中商品介绍是重中之重。能不能把卖点讲清楚、打动用户，将直接影响下单量。那么怎样的呈现方式更直观、更有效果？

1.现场试穿整套销售

在直播卖服饰时，主播要乐此不疲地亲自现场试穿给观众看效果，前后左右都要向用户展示清楚。直播间除了主播外，还有助理和其他模特，每个人体型不同，也要经常现场试穿，能多方位给观众做参考。同时，主播展示试穿效果时要注意走位，用远景向用户展示服装整体的上身效果，用近景向用户展示服装的设计亮点。

介绍服装的搭配或穿着场景是服装商品介绍中非常重要的一个环节，“一衣多穿”是体现服装高性价比的关键点。主播在介绍服装搭配时，不能只是单纯地说它可以与其他什么款式的衣服搭配，最好将整套的服装搭配展现在镜头面前，甚至可以展示与整套服装相搭配的鞋子、眼镜、帽子等其他配饰。这样既能提前预告，又能在宣传其他商品时自然露出。展示时有观众会在留言区问裤子、包包在哪个链接有卖，从而促进商品的销售。

如果条件允许，主播可以针对直播间内的某款主推服装做不同风格的搭配，以满足用户休闲、上班、约会等不同穿衣场景的需求。

2.卖点提炼，专业讲解

拿到一件衣服，除了现场试穿外，如何传达衣服本身的卖点，促使观众下单呢？主播需要提前了解衣服的特征，配合专业的讲解，能提高权威性，强化信任感。主播要对衣服的面料、工艺、穿搭特别了解，能够以专业性打动观众。

在介绍服装类商品时，为了增加讲解的吸引力，主播可以从以下六个维度来分析并提炼卖点，见表6-1。

表6-1 服装类商品卖点六维度分析

卖点维度	示意	示例
服装面料	采用什么面料，衣服弹性如何，通透性如何，由此引出该面料的优点，在介绍时要用近景向用户展示面料的纹理和柔软度等	纯棉：吸汗性强，透气性好； 聚酯纤维：造型挺括，不易变形； 皮质：防风，显高档； 羊羔绒：保暖效果好，悬垂性好； 真丝：光泽度高，垂感强，具有高级感； 涤纶：耐热、耐磨性好； 缎面：质地细密、柔软
版型尺码	服装尺码是否是正常尺码，上衣要介绍其腰围、胸围及所适合的人群，裤子需要介绍其腰围、臀围和裤长	宽松型服装包容性强，显得人比较瘦； 修身型服装凸显身材，显得人比较精神。 长版型服装能够遮住臀部和大腿等
设计亮点	介绍服装在图案、工艺等方面的设计亮点，突出其时尚感。 介绍服装制作工艺的精致度和稀缺性。 展示服装领口、袖口、下摆等位置的设计细节	图案：印花清晰、图案立体、色彩明朗、绣花紧密； 做工：包边、拉链、水洗工艺、重工、三标齐全； 细节：车针走线、领口、袖口、下摆的心机小设计
服装风格	在介绍商品时要向用户说清楚所售服装属于哪种风格	艺术风格：复古风、暗黑风、清新风、小香风、学院风； 地区风格：法式、韩系、日系、欧美系； 视觉风格：丝、麻、毛、皮、棉； 触觉风格：爽滑、柔软、粗细、轻薄； 材质风格：轻重感、软硬感、粗细感、光滑感、立体感、顺垂感、蓬松感

续表

卖点维度	示意	示例
服装廓形	A形：一种适度的上窄下宽的平直造型，这种廓形的服装给人优雅、浪漫、活泼的感觉； H形：强调肩部、腰部、下摆宽窄一致，这种廓形的服装简洁、修长，具有中性化色彩； X形：肩部稍宽、腰部紧收、下摆自然放开的造型，这种廓形的服装能充分展现出女性优雅的气质； T形：肩部夸张，下摆内收形成上宽下窄效果，这种廓形的服装给人带来轻快、洒脱的感觉； O形：肩部、腰部及下摆处没有明显的棱角，特别是腰部线条宽松，整个服装外形类似于圆形或椭圆形	A形：适合肩宽、胯宽、腿粗、腹部凸出的人群，对腰部或臀部比较粗壮的体型也有很好的修饰作用； H形：适合溜肩、肩窄、胯窄、体型微胖或偏瘦的女生； X形：适合肩窄、小腹凸出、臀部宽的人群，这类衣服修饰腿部，凸显身材线条； T形：适合上半身窄或者个子高挑的人群； O形：适合肩宽、小腹凸出、臀部宽的人群，对于掩饰腰臀粗壮的梨形身材最为有效
服装颜色	用户比较关心的问题，向用户介绍不同颜色的服装具有哪些特点，能给人带来什么样的感觉等	红色：热情、活泼、激情、喜庆； 绿色：文艺、清新、清爽； 白色：明快、无瑕、纯洁、百搭色； 黑色：深沉、庄重、酷感十足、百搭色； 灰色：高雅、简素、简朴、冷淡； 紫色：高贵、典雅 粉色：活泼、可爱、甜美

3.趣味实验，强化信任

在直播中，对于陌生观众来说，主播在讲解商品时本身就属于销售，肯定会使劲地夸赞商品好，因此，观众自然会存在不信任感。那怎么能打消观众的顾虑，产生对主播的信任感呢？

很多主播的直播间经常会做一些趣味小实验。比如，主播为了证明商品中的棉材料是真的，会直接选一块普通棉和产品上的棉材料一起烧掉。如果是劣质棉，燃烧时会冒黑烟，烧完留下的是黑色胶状物；真正的棉在燃烧时会冒白烟，烧完是灰。类似的对比实验会让观众直观感受到产品优劣的差异，给观众带来强大的视觉冲击，以打消观众对商品的疑虑。与此同时，实验往往轻松有趣，更能激发观众的好奇心，留住观众。

4.服装报价，说明库存

对于价格较高的服装，主播可以突出介绍服装的高价格给购买者带来的非凡体验，以及商品的独特之处，如纯手工制作、面料质量好、知名设计师设计等；对于价格较低的服装，主播可以突出介绍低价所带来的高性价比。主播在报价时，要先报服装的原价，再报直播间的优惠价，通过制造价格对比来刺激观众的购买欲望；在说明库存时，可以强调库存的有限性，制造服装的稀缺性，以刺激观众下单。

活动总结

请你利用所学习的知识，帮助娜娜整理出服装类商品直播的呈现方式及商品讲解要点。

____

____

____

活动三 服装类商品直播的讲解要点

活动描述

娜娜准备将整理好的商品讲解要点落实到现有的服装样品中，但是却无法决定使用哪些话术能吸引消费者，并促使他们下单。那么服装类商品直播时有哪些常用话术呢？

活动实施

服装类商品直播带货前，我们首先要知道服装应该介绍什么，然后才知道说什么。话术设计的好坏直接影响着直播间的商品销售效果，因此主播巧妙地设计商品讲解话术至关重要。主播平时可以积累一些服装类商品讲解话术，以便自己在直播中更加从容地讲解商品。以下介绍服装类商品直播中介绍服装卖点的讲解话术，见表6-2。

表6-2　服装类商品直播讲解话术

服装部位/工艺	讲解话术模板
领部	（1）领口设计得简单、大方、时尚、新潮； （2）经典圆领设计，简单大方、时尚百搭； （3）高领设计，可随意将领子挽下或竖立； （4）后领部为披肩领形式，时尚、大方； （5）后领处设有纽扣，领子可以随意拆卸； （6）时尚小翻领设计，彰显干练气质； （7）领部包边设计，走线工整，凸显严谨工艺； （8）高领设计，更加保暖，同时还能拉长颈部线条； （9）略带弧形的一字领，便于服装搭配

续表

服装部位/工艺	讲解话术模板
帽子	(1) 连帽设计，装饰性与实用性并重； (2) 帽子两侧的抽带可松可紧，帽子可拆卸，保暖又实用； (3) 帽子采用双层面料，保暖性能好； (4) 帽子边缘整齐均匀的车工线凸显衣服优质的工艺
口袋	(1) 左右两侧大口袋设计，方便使用，口袋位置偏下，让你插口袋的姿势更显气场； (2) 小巧可爱的方形口袋，借鉴衬衣口袋的设计理念，装饰性与实用性并重； (3) 口袋采用罗纹收口设计，时尚保暖； (4) 袋鼠兜设计，可爱又实用
印花	(1) 印花设计，做工精致，个性时尚； (2) 胸前个性印花采用特殊工艺制作，形象自然，且不易洗掉； (3) 印花图案采用线描手法制作，凸显手绘效果，时尚可爱； (4) 印花色彩清晰饱满，采用高级发泡乳胶印制，无异味、不龟裂，印花微微凸出，更具立体感
袖口	(1) 袖口采用包边设计，能有效防止袖口毛边脱线； (2) 袖口采用双线绗缝设计，美观大方； (3) 袖口采用针织手法，收口效果好，穿着舒适； (4) 袖子内设有可抽拉绳，绳子可拉出来系在袖子上，将长袖变成短袖，从而实现一衣多穿
腰部	(1) 腰部裁剪修身，凸显身体曲线； (2) 腰部采用抽绳设计，可任意调节松紧，凸显身材； (3) 精致的金属腰带扣，时尚耐用
拉链	(1) 金属拉链，顺滑耐磨，拉链做工精细，上面的刻字清晰可见，非常有质感； (2) 双向拉链设计，使用方便，活动时可拉开下方拉链，减少束缚感
纽扣/钉扣	(1) 金属钉扣更加耐用，也更加凸显衣服档次； (2) 做旧合金金属纽扣，与牛仔裤的质感和理念完美契合； (3) 高档定做纽扣，彰显衣服的整体品质； (4) 纽扣款式、材质完美贴合针织衫的风格，让衣服显得更加精致、美观
面料	(1) 衣服采用加厚抓绒面料，厚实保暖； (2) 衣服面料透气性强，手感柔和细腻，上身舒适，衣服整体垂感性强，上身效果极佳； (3) 棉服外皮采用涂层面料，光泽度强，极具时尚感； (4) 弹力棉材质，衣服有弹性且穿着舒适
制作工艺	(1) 衣服采用大量双线、明线压边，衣身版型大方得体； (2) 精致的拼接缝合、车形走线，让整个衣身浑然天成，彰显衣服品质； (3) 精致的做工、完美的锁边工艺，彰显品质

下面列举了一些对某款服装进行整体介绍的话术：

（1）蕾丝衬衫选用双色股线蕾丝面料，柔软舒适；领口花式打揽，加上系带，具有灵动感；袖口的木耳边设计，浪漫典雅，穿上显气质，搭配黑色半身裙更彰显优雅大方。

（2）全棉卫衣适合秋天穿，前片有撞色卡通花型图案，皮毛插针绣，领口几何形绗缝线，版型中长，时尚百搭，可搭配紧身小黑裤，显得年轻有活力。

（3）焦糖色双排扣风衣，袖口撞色以及字母印花，还可以翻边，无不体现它的独特，时尚感与品质感并存，再搭配上金属四合扣、运动感的抽绳，温婉、女人味、俏皮、可爱并存。焦糖色是一个有味道、有温度的颜色，把白糖加热变成焦褐色，再倒入牛奶里做成的糖，令人想起小时候爱吃的太妃糖，能给人甜蜜温润的感觉，在降温的冬天里显得尤其暖心。

（4）粉色防晒服外套适合小女生，满满的少女心；面料新颖，连帽设计方便挡太阳，且帽子可装在领子内变成翻领两穿，下摆收腰抽绳更加彰显时尚魅力。

（5）双色牛仔裤比较少见，黑蓝双色拼色，穿起来很显瘦；裤子腰部的褶皱设计，能遮盖住女生的小肚腩哦！时尚的穿法就是把裤脚折起来一截，显得轻巧、随意。

（6）浪漫优雅的雪纺连衣裙，蔓生花的花型图案充满秋日氛围，收腰设计的版型，穿上非常显瘦。领口的木耳边系带，加上飘逸的裙摆，穿上显得女人味十足。

（7）适合秋冬季节穿的呢子短裙，面料垂感抗皱，柔软亲肤，前片翻折装饰扣设计蛮特别的，撞色的三角针工艺，精致又大方，女生穿出去约会的话，你的男朋友会移不开眼的。

（8）一件不可缺少、柔软舒适的经典羊绒毛衣，可以伴你优雅地度过冬季。宽松休闲的轮廓包容身型，下摆上的绣标更是点睛之笔，将一件基础款毛衣增添出可爱俏皮感。

（9）即使是职业气场的白衬衣和古板蓝西装，点缀以素色灰白印花丝巾后，瞬间点亮整体穿搭，让你看起来是那么与众不同。

（10）简约黑色针织衫，局部的流苏点缀不仅修饰了肩部线条，还精巧地勾勒出腰部曲线，搭配上白色鱼尾裙，巧妙地打造出女生高雅与休闲的舒适风格。

活动总结

请你利用所学习的知识，任选三种服装商品，帮助娜娜整理出它们的讲解话术。

____

____

____

活动四
服装类商品直播流程

活动描述

娜娜做完了前期准备工作，准备通过观看多名品牌主播和“达人”主播的直播，学习服装类商品直播流程及每个流程的目的和注意事项。

活动实施

直播的核心是向用户提供与商品相关的视频内容，影响用户的购买决策，从而促成买卖双方的交易。和其他类目商品直播相比，服装类商品直播更要讲究策略，这样才能获得良好的直播效果。服装类商品直播可以分为5个环节，每一环节都有其独特的内容，主播需要按部就班地以此流程来把控整场直播，见表6-3。

表6-3　服装类商品直播流程

流程	内容	目的	注意事项
开场白	1.热情地打招呼并问好，自我介绍告诉观众你是谁； 2.直播场地介绍，如果是门店，则欢迎观众到门店来做客	增加信服力、买家的信任感。 如果是老板，可以有权利给福利；如果是设计师，观众会更加信任设计理念的讲解	主播站定，半身或者全身出镜可以用镜头环绕下四周，让观众看看周围环境
直播内容概况	1.介绍今天直播的产品有哪些，做些说明； 2.介绍公司实力，是经销还是自有品牌，品牌的定位是什么； 3.介绍适合的买家处于什么年龄段，客户分布在哪些地方	突出服装特色，介绍自身特长，在直播的过程中还可以不断重复介绍	讲解自然，语言表达清晰，保持信心，有底气
产品介绍	1.根据自己家的衣服风格，介绍季节穿着技巧； 2.介绍颜色搭配技巧，对自己的服装进行点评； 3.介绍肤色、身材等因素对衣服的选择要求； 4.介绍面料价值（材质、质量、辅料维护保养）； 5.做工介绍（工艺质量、针距、锁边工艺、拼合特色）； 6.靠近镜头进行感知（线头、气味、手感、质地、品相）； 7.介绍版型、轮廓趋势、尺码； 8.介绍设计的价值，体现的流行元素； 9.介绍成交的案例、穿着体验分享	通过专业、具体的对细节案例的分析，体现主播的价值及产品的价值	细节展示时要靠近镜头

续表

流程	内容	目的	注意事项
互动	1.不要脸贴近镜头看观众提出的问题(旁边的助理要提示),不要经常被问题打断,集中讲完一个小段内容再对问题进行回答; 2.强调自己做服装的专业性及能提供给客户的价值; 3.冷场的时候,回顾自己对公司实力的介绍,再进行一次宣传; 4.不要不分男女,都喊“宝宝”; 5.同事之间可以聊天接话,增加互动性	不要破坏思路,同时告知观众,讲完这款商品后,集中回答大家的问题。提前卖个小关子,留个悬念	微笑、自然、自信地面对
总结	可以询问大家对直播的意见,总结自己在直播过程中的缺失,找出问题,下次改正	做自我修正,也给观众一种尊贵感	热情、大胆展示

活动总结

请你利用所学知识,任选一类服装商品,与娜娜一起完成模拟讲解。

____

____

____

活动五
服装类商品直播脚本范例解析

活动描述

娜娜在直播前,在淘宝直播中观看了一场淑莲公司以“双11”为主题的女装直播,感触很深。她将整场直播作为范例进行研究,我们一起学习一下。

活动实施

【范例】——“暖冬女装,惠战双11”淑莲团队直播

淑莲公司是一家设计与生产女装的上市公司,主要销售女上衣、裙子等商品。该公司的直播团队计划于11月11日在其淘宝旗舰店开展一场直播,销售爆款服装。

“暖冬女装，惠战双 11”淑莲团队直播案例

1.直播概况

（1）直播主题：“暖冬女装，惠战双 11”。

（2）直播时长：120 分钟。

（3）直播目标：秋冬新品上市，通过较大的优惠力度，吸引消费者下单，抢占换季市场。具体目标如下：

观众总数：50 000人；新增粉丝：3 000人；评论人数：350；销售量：1 000单；销售额：100 000元。

2.选品与排品

（1）V领灯笼长袖针织毛衣89元（引流款商品）。

（2）秋冬小雏菊连帽卫衣 98元（利润款商品）

（3）温柔港风粉色毛衣外套85元（活动款商品）。

（4）天丝阔腿高腰牛仔裤95元（利润款商品）

（5）魔术贴垂感白色西装裤98元（形象款商品）。

（6）直筒宽松显瘦牛仔裤98元（利润款商品）

（7）西装裤垂感宽松阔腿裤98元（利润款商品）。

（8）过膝收腰毛衣内搭长裙98元（利润款商品）。

（9）牛仔高腰开衩半身裙98元（利润款商品）。

（10）灯芯绒收腰连衣裙99元（形象款商品）。

3.预热物料的制作

（1）拍摄预热短视频，投放到公司的各个社群，为开播集结人气。预热短视频脚本见表6-4。

表 6-4 预热短视频脚本

序号	项目	内容
1	视频主题	“暖冬女装，惠战双 11”淑莲团队等你来
2	视频角色	主播与助播
3	视频内容	主播：小宁，你穿公司的这款针织衫会起球吗？ 助播：不会。 主播：会褪色吗？ 助播：不会。 主播：看上去好显高呀！（羡慕的表情） 助播：当然了！还很百搭。 （搭配不同裙子、裤子） 主播：今晚直播就放这款针织衫吧！把优质的服装都拿出来，今晚犒劳我们的老客户
4	发布渠道	抖音、朋友圈、微博、淘宝店铺主页、淘宝相关商品页

（2）发布微博预热文案，通过站外为直播间引流。

（3）提前发布直播预告，包括直播标题和封面等。

直播标题："暖冬女装，惠战双 11" 等你来。

4.脚本策划

"暖冬女装，惠战双11" 直播脚本（见表6-5）

表6-5 "暖冬女装，惠战双 11" 直播脚本

流程	时长	步骤	直播稿内容	备注
开场	2 分钟	开场介绍	大家好，欢迎各位宝宝来到直播间，我是主播曼玉（助播介绍：我是助播小宁，身高165厘米，体重46千克）。 欢迎×××来到直播间。 今天是"双 11"，在这个特别的节日里，先祝各位女神购物愉快！买得爽，看得爽。 曼玉今天会为大家一一介绍我们家的爆款商品，并把福利送给大家	打招呼
	5分钟	发优惠券、宣布福利	无论你是南来的、北往的，还是上班、创业、上学的，今天统统有机会获得这些商品。今天还有抽奖活动哦，奖品有冬季暖手袋、眼罩、护手霜。大家可以先转发我们的直播间，通知身边的姐妹们也来参与，人多力量大，争取都能中奖！ 喜欢主播的可以帮忙分享一下哦！右下角点赞旁边三个圆点的图标，点击分享到你的朋友圈，分享给你的好友哦。 只要关注成功的宝宝都可以免费领取10元优惠券哦	发放福利，聚集人气，提醒分享直播间
预告	5分钟	预告商品	今天的商品折扣价仅限本次直播，错过了我们就无法再给您这个价格了。 今天一共上架10款特惠商品： 228元V领灯笼长袖针织毛衣，抢购价89元。 168元秋冬小雏菊连帽卫衣，抢购价98元。 168元温柔港风粉色毛衣外套，抢购价85元。 178元天丝阔腿高腰牛仔裤，抢购价95元。 158元魔术贴垂感白色西装裤，抢购价98元。 168元直筒宽松显瘦牛仔裤，抢购价98元。 188元西装裤垂感宽松阔腿裤，抢购价98元。 168元过膝收腰毛衣内搭长裙，抢购价98元。 178元牛仔高腰开叉半身裙，抢购价98元。 208元灯芯绒收腰连衣裙，抢购价99元。 平时最多八折优惠的商品今天全部百元内	用衣架挂出所有服装

续表

流程	时长	步骤	直播稿内容	备注
预告	5分钟	预告商品	搞定，一次性下单三件送138元的淑莲围巾一条，一年只有一次特惠哦。 （展示所有服装） 这么多好看的服装，宝宝们一定都看花眼了吧！下面主播分别为你们介绍	用衣架挂出所有服装
讲解商品	30分钟	引入第一款商品	要说降温后衣橱里最不能缺少的单品，除了卫衣，就属针织衫了。它是秋冬季节使用率最高的服装，也是各大明星的时髦利器。 各位仙女对针织衫的要求是什么呢？ 曼玉觉得现在很多针织衫的款式不是肥大、臃肿，显人很矮，就是面料不好，穿起来容易发痒，最可怕的是没穿几次就起球、掉色了。还有一个问题，冬季衣服特别容易粘毛。我闺蜜家里养猫，她冬天在家穿针织衫，衣服上全都是猫毛，很难洗掉。所以挑选一款不易粘毛、不显肥、不显矮的针织衫，太难了	扩大需求，阐述痛点，增强商品优势
		讲解第一款商品	（主播试穿） 今天曼玉把我们家这款针织衫推荐给各位仙女。我们家这款针织衫把所有的问题都解决了！ 小宁身高165厘米、体重46千克，穿的是S码。 小宁选的是暖色系针织衫，暖色系在今年秋季很流行。它搭配起来的感觉实在太温馨了，特别是针织衫搭配着百褶半身裙，好看又时尚！ （小宁开始搭配各种服装） 从时尚博主到上班族，几乎没有人不爱穿针织衫。因为开衫比套头衫更包容身材，几乎任何身材都能在开衫里找到一份属于自己的存在感。 没有天生丽质的资本，但是我们有提升气质的能力，每一个美丽优秀的女人都可以通过努力找到适合自己的穿搭，打造属于自己的魅力	以商品展示为主，可尝试搭配
	3分钟	促销第一款商品	针织开衫一件能穿三季，不管是单穿、叠穿还是搭下装，它都可以。原价228元，今天直播间秒杀价89元，只有500件，宝宝们赶紧拍下吧！ 今天还有一个优惠，一次性下单满3件，送138元的淑莲围巾一条，一年只有一次特惠哦	
	3分钟	发放福利	为了让粉丝们能够体验到我们的好物，我们2分钟后来一轮粉丝专属的截屏抽奖活动。 本轮截屏抽奖的奖品是我们秋冬季节最适合使用的暖手袋、眼罩、护手霜，给抽到的宝宝随机发货！ 直播间的宝宝，一定要先关注主播哦！没有关注主播，中奖了客服也不会发货的	福利留客

续表

流程	时长	步骤	直播稿内容	备注
讲解商品	3分钟	发放福利	好啦，时间差不多啦！进入直播间的宝宝们，听主播的口令，将“主播送福利”五个字在直播间里刷起来！ 好，我们来倒数5个数，5、4、3、2、1，截屏。恭喜粉丝×××、粉丝×××、粉丝×××，获得我们这次的截屏抽奖奖品。 点开购物袋找到1号链接的客服，把截图发给他，他会告诉你怎么做	福利留客
	60分钟	（第2～10款商品模仿第1款商品进行介绍）		
返场	10分钟	回顾商品，完成所有活动	（回顾所有商品，对主推和热销商品进行重点介绍。发送最后一波福利并截屏）	
结束	2分钟	结束	直播即将结束，感谢大家的购买，关注主播不迷路，感谢大家关注咱们直播间。明天，我们有更多福利送给大家，期待大家明天到来，今天就到这里了，宝宝们再见	再次提醒观众关注主播

5. 人员配置

人员配置见表6-6。

表6-6　人员配置

序号	职务	人员	任务
1	主播	曼玉	依据脚本完成120分钟直播。直播时间分配合理，能在规定时间内完成直播活动；能迅速并有效地处理直播过程中的突发事件；直播讲解具有激情，能带动直播间气氛，可调动观众参与互动活动，并引导观众下单
2	助播	小宁	协助主播进行直播，在介绍商品时完成试穿任务，负责配合直播间的现场工作，包括操作直播中控台、调试灯光设备、摆放商品等
3	编导	黄岩（团队负责人）	负责直播内容的选题、统筹和执行，编写直播脚本
4	商品运营		按“双11”活动进行整场直播策划，明确直播目标，确定促销方案，监督直播的执行情况以及数据情况，完成直播复盘工作
5	后期制作		在直播结束后，把直播中有趣的部分挑出来，配上特效，剪辑成短视频发布到网上，以进一步传播
6	客服	笑笑	对直播的10款商品非常熟悉，制作与商品属性相关的FAQ（常见问题解答），热情、耐心、高效、准确地回答观众提出的各种问题，提高观众的满意度；及时、准确地备注订单，全面掌握上架商品及库存情况
7	公关		监控全场直播的舆情，维护好主播形象，处理各种突发事件

6.直播间的准备

白板、笔记本电脑、直播落地架、麦克风、柔光美颜补光灯、专业声卡。

7.现场直播

依据脚本完成120分钟直播。直播时间分配合理，能在规定时间内完成直播活动；能迅速并有效地处理直播过程中的突发事件；直播讲解富有激情，能带动直播间气氛，可调动观众参与互动活动，并引导观众下单。

8.直播复盘

（1）直播数据分析与优化，见表6-7。

表6-7　直播数据分析与优化

序号	对比项目	目标数据	实际数据	分析与优化
1	观众总数（人）	50 000	53 450	流量比预期多一些，说明前期的预热效果较好
2	评论人数（人）	350	240	评论数比预期少，有可能是主播的互动不够，下次直播应增加互动话题
3	销售量（单）	1 000	1 024	销售量与目标基本持平
4	销售额（元）	100 000	114 578	客单价比预期的稍高，有可能是购买满3件送围巾活动提高了客单价

（2）主观分析，见表6-8。

表6-8　主观分析

序号	项目	实际情况
1	主播团队表现情况	主播已经按计划完成任务，但是互动话题稍少，下次直播注意增加互动话题，从而增加观众的评论数。 助播已经按照原定计划完成试穿、助播工作
2	运营团队表现情况	团队负责人策划的本次直播基本达到预计目标，在互动话题方面要结合主播特点增加互动

活动总结

请你利用所学知识，帮助娜娜一起撰写一份服装类商品直播脚本。

____

____

____

知识拓展6-1

如何确定直播目标

直播目标是衡量一场直播效益最直观的方法，如销售目标10 000元、涨粉目标

100人、观看量20 000人等，这样便于复盘时的直观考核。需要注意的是，目标的设定是建立在前期数据基础之上的。

对于没有前期数据的新手主播，最好的方法是观察同行，通过同行的数据分析，结合自己的需求预期设定初始目标。通过分析同行，新手主播可以设定基础数据目标，包括观众总数、新增粉丝数、付费人数、评论人数、收获音浪等，把量化的数据归总在一起，加上自己预期的数据，生成本场直播的具体目标。

1. 销售商品

以销售商品为直播目标时，目标的确定可以遵循明确性、衡量性、可实现性、时限性四个原则，见表6-9。

表6-9　直播目标确定原则

原则	具体内容
明确性	直播团队要明确：直播就是为了完成销售目标。整个直播方案都要围绕这个目标展开，直播团队在直播过程中的一切活动都要以直播方案为基准，以完成销售目标为目的
衡量性	直播目标要有数量上的明确规定，使直播效果可以衡量、评估。如“预估‘双11’期间口红销量××支”。只有制定明确的销售数量目标，才能激发直播团队的卖货动力
可实现性	可实现性即可行性，要求直播团队根据团队能力、粉丝数量、市场规模等因素制定一个切实可行的销售目标，不要盲目追求过高销量，也不能低估自身的实力，保证直播转化率
时限性	时限性说明了实现目标需要有时间限制，缺乏时间限制的目标无法形成市场竞争力，甚至会沦为毫无意义的空头方案，起不到激励团队、鼓舞士气的作用。只有明确时限，才能激发直播团队的斗志，促使目标顺利实现

2. 新品推广

以新品推广为直播目标时，直播活动的一个主要目的就是介绍新品，通过不断推广商品发现新的商机，开辟新的市场，精心设计的新品经过直播团队的大力推广，获得观众的关注，最终转化为利润。因此，直播团队的首要任务就是让新品占领市场，而新品推广的关键在于让观众在最短的时间内获得良好的体验。

3. 消化库存

以消化库存为直播目标时，优惠活动设定就是关键。最常用的手段是商品打折，尤其是在服装行业。每逢换季之时，主播就会抓住观众用“低价买大牌”的心理，大力宣传服装的折扣力度，反复提醒观众不要错过。同时观众也会找到自己信赖的主播，关注主播推荐的营销活动，择机购买喜欢的服装，节省资金。

需要注意的是，大幅度的价格折扣既有好处，也会带来一些问题。虽然主播可以通过短时期内的大幅降价活动获得观众的关注，但如果一直开展低价促销活动，则会引起观众的反感，使商品质量受到质疑，失去观众的信任。毕竟观众虽然希望买到低价商品，但更注重商品质量。

由此可见，商家与主播在策划低价促销活动时一定要考虑周全，精心准备。对于主播与商家来说，这样一场直播促销活动不仅要获得一定的市场份额，还要塑造正面的品牌形象。

活动六 服装类商品直播实战训练

活动描述

本次直播实战竞赛训练的商品类目为服装。根据提供的店铺背景，寻找合适的10款商品，按要求在淘宝直播平台完成一场完整的直播。

活动实施

一、训练要求

1.店铺背景

HOPE女装店是一家在淘宝平台运营的店铺，主营商品是女生服装，例如卫衣、阔腿裤等。店铺计划在8月份举办一场以“8·18”为主题的专场直播。卫衣是该店铺的热门商品。选手根据要求自行选择10款商品，完成表6-10。

表6-10　商品资料

序号	商品名称	商品图片	商品介绍
1			
2			
3			
4			
5			
6			
7			
8			
9			
10			

2.竞赛要求

各团队以HOPE女装店直播团队身份，根据店铺情况、商品资料等，策划并执行一场时长为120分钟的直播，完成直播策划、现场直播、直播复盘。具体要求如下：

（1）确定直播主题与目标具体要求：依据背景资料数据的整理和分析，根据分析结论，规划本次直播商品的数量，挑选直播推广的商品种类，确定目标商品定位，最终确定直播主题与直播目标。

（2）选品与排品的具体要求：①根据直播时间合理安排选品数量及种类。②确定引流款商品、利润款商品、形象款商品。③确定一款直播主推商品。

（3）商品上架的具体要求：设置直播商品上架要素信息。其中，主推商品上架要素包括商品标题、商品关键词、商品规格、商品价格、库存、商品主图与辅图及商品详情描述；非主推商品上架要素包括商品价格及库存等。

①图片要求：依据基础素材，使用Photoshop软件完成主图、辅图及图文介绍的制作。

②商品详情描述要求：商品详情描述采用图片或图文混排的形式，可以包含商品展示、包装信息、参数信息、物流信息、售后信息、顾客好评截图等。

（4）宣传物料制作具体要求：依据直播主题及直播选品等，进行直播封面和预热短视频的制作。

①直播封面要求：尺寸720像素×1 280像素，大小不超过2MB；包含直播主题、直播时间、引流款商品、直播活动等信息；具备良好的视觉体验，能引导观众点击进入直播间。

②预热短视频的要求：使用剪辑软件，根据背景资料中的图片素材进行制作，大小不超过500MB；视频内容贴合直播主题，并能引导观众进行传播；视频画面构图合理、美观。

（5）脚本策划的具体要求：完成全场脚本话术的编写。互动活动包括优惠券活动、抽奖活动、秒杀活动等。单品讲解包括引流款商品、利润款商品、形象款商品等。

（6）人员配置的具体要求：人员配置至少包含主播、助播、场控，人员职责设置合理、清晰。

（7）直播间设置的具体要求：完成直播预告信息的设置，包含直播间名称、直播时间、直播标题、直播封面、简介的填写以及频道栏目的选择、直播商品的配置。

（8）现场直播的具体要求：依据背景资料、商品信息及直播筹备情况，使用手机完成一场120分钟不间断的直播。

①主播要求：能够建立主播IP，与助播配合默契。

②内容要求：直播内容契合直播主题与竞赛商品；直播时间分配合理，能在规定时间内完成直播活动；能迅速并有效地处理直播过程中的突发事件；直播讲解具有激情，能带动直播间气氛，可调动观众参与互动活动；商品讲解有较强的吸引力与感染力，能引导观众下单。

（9）直播复盘的具体要求：从数据分析与主观分析两方面寻找整个直播中出现的问题，并提出优化方案。复盘过程需细致、严谨，做到实事求是、精益求精。

二、过程记录

按照训练要求完成竞赛项目，并填写表6-11、表6-12。

表6-11　　直播记录

直播主题			直播日期	
直播人员			直播时间	
直播目标	观众总数			
	新增粉丝			
	评论人数			
	销售量			
	销售额			
选品与排品	直播商品			
	直播顺序			
商品上架				
直播预热	预热短视频	视频主题		
		视频角色		
		视频内容		
		发布渠道		
	预热文案			
	其他推广			
人员配置	主播		职责	
	助播		职责	
	编导		职责	
	商品运营		职责	
	后期制作		职责	
	客服		职责	
	公关		职责	
直播间准备	直播场地			
	直播设备			
现场直播				
直播复盘	直播数据分析与优化			
	主观分析			
二次引流	整理直播视频	整理直播现场图片、精彩画面或片段、平台数据等素材： （1）制作成海报； （2）制作成软文； （3）制作成短视频		
	多渠道发布二次传播物料	（1）发布到微信群； （2）发布到QQ群； （3）发布到朋友圈； （4）发布到其他平台		

表6-12 直播脚本

流程	时长	步骤	直播稿内容	备注
开场		开场介绍		
		发红包、宣布福利		
预告		预告商品		
讲解商品		讲解第一款商品		
		发放福利		
		讲解第二款商品		
		发放福利		
		讲解第三款商品		
		发放福利		
		讲解第四款商品		
		发放福利		
		讲解第五款商品		
		发放福利		
		讲解第六款商品		
		发放福利		
		讲解第七款商品		
		发放福利		
		讲解第八款商品		
		发放福利		
		讲解第九款商品		
		发放福利		
		讲解第十款商品		
		发放福利		
返场		回顾商品，完成所有活动		
结束		结束		

三、训练评价

根据训练完成情况，完成直播电商竞赛训练评价（见表6-13）的填写。

评价标准：

优——能够非常熟练地完成相关考核项目，并且各项表现完美；

良——能够较熟练地完成相关考核项目，并且各项表现比较好；

中——能够熟练地完成相关考核项目，并且各项表现合格；

差——不能熟练完成相关考核项目，并且各项表现不合格。

表 6-13　直播电商竞赛训练评价

考核项目	评价要点	等级				备注
		优	良	中	差	
直播策划	直播各环节设置合理，脚本完整，语言丰富					
组建直播团队	团队组成结构合理					
	根据每个人的特点进行合理的分工					
管理直播团队	团队运营方案合理，适合团队的发展					
	团队鼓励方案能够起到鼓励成员工作的效果					

活动总结

请你利用所学知识，帮助娜娜一起总结本次直播实战训练的完成情况。

案例赏析 6-1

服饰类档口直播解析——“常熟市王孟杰服装商行”

“常熟市王孟杰服装商行”是抖音平台上的一个服饰类账号，与其他服饰类直播账号相比，该账号的直播运营具有以下特点。

1. 账号人设鲜明

鲜明的账号人设能有效彰显账号的独特性和个性化。“常熟市王孟杰服装商行”是一个服装档口账号，账号人设就是档口店主推荐服装，价格优惠，上新快。质优价廉的源头好货很容易吸引用户的关注。

2. 短视频内容定位清晰

抖音平台具有较强的内容属性，运营者可以先通过运营短视频积累流量和粉丝，待账号有了一定数量的粉丝后再开始直播带货。而短视频内容定位清晰则有利于帮助账号吸引精准粉丝。

“常熟市王孟杰服装商行”发布的短视频有着清晰的内容定位——试穿类短视

频。短视频主要记录的是模特试穿各种款式的衣服，每条短视频只展示模特试穿一件衣服，向用户展现衣服的款式、上身效果等，短视频配有旁白，介绍衣服的材质、卖点等，视频时长为5秒~15秒，针对同一件衣服会发布多条短视频。浏览短视频的用户如果对某款衣服感兴趣，就可以点击账号头像进入直播间，通过观看直播了解更多信息，并下单购买。

3.直播间布置简单、整洁

"常熟市王孟杰服装商行"直播间的布置简单、整洁。直播间以白色墙面作为背景，让直播画面显得干净、整洁；直播间中放置了假人模特、展示台和置物架，丰富了直播画面中的元素，也让直播间显得更加具有空间感。

4.全面讲解，展示商品

在直播过程中，主播会对服装进行全方位的讲解，包括服装的材料、颜色、设计特点、适合的人群等。例如，在推荐一款连衣裙时，主播就介绍道："这款连衣裙使用的是水洗棉面料，吸汗性很强，它的抽带设置在胸部，且抽带可松可紧，即使是身材较为丰满的人穿上也不显肚子，非常适合肩宽背厚、下半身偏胖的人穿。这款连衣裙有红色、藏青色、绿色、白色四种颜色：红色是西红柿红，穿上特别显白；藏青色彰显气质，经典大气；绿色清新、自然，是我们家的爆款；白色显得干净。"

在讲解商品的过程中，主播会全方位展示服装的上身效果，包括服装的正面、侧面、后面。主播还会采取近景展示的方式，将服装置于镜头前，让用户近距离地感受服装的质感。

5.商品标注利益点

在购物车中，"常熟市王孟杰服装商行"会在商品链接中标注商品的特点或优惠政策，这样能让用户快速了解商品的特点和利益点。

6.实时答疑，积极互动

主播会根据评论区用户提出的需求来试穿服装，向用户直观地展现服装上身效果，对用户进行售前一对一服务。用户在评论区提出的售后问题，主播也会一一解答，强化售后服务。这有效地消除了一些用户对订单售后服务的疑虑，提高直播间的销售转化。

此外，主播还会不断地向用户汇报某款服装的库存，给用户制造紧张感，刺激用户抓紧时间下单购买直播间的服装。

思考题

1.思考服装类商品直播间的搭建需要注意哪些问题，并撰写一份服装类商品直播间搭建的策划书。

2.选择一件服装（如连衣裙、棒球服、呢子大衣、卫衣、卫裤、男式背心、半身裙、雪纺衬衫、风衣等）并总结其卖点，然后模拟直播场景对其进行讲解。

模块七

家居家纺类商品直播

近年来，家居家纺直播电商以更加立体、感性的商品展示方式和互动式的线上购物体验吸引了消费者的注意力，以高性价比的折扣刺激消费。在家居家纺行业中，用户越来越重视商品搭配效果，而门店客流减少、营销效率低等问题十分突出。在“直播+”经济的影响下，直播与家居家纺品牌线下实体门店得到了融合发展。线下家居家纺类商品展厅面积有限，主播则可以在直播间有限的空间内为用户展现尽可能多的商品搭配效果，满足用户的需求，提高营销效率。本模块将从家居家纺类商品直播间的搭建、直播讲解要点、直播讲解常用话术、直播脚本范例解析、直播实战训练五个活动进行讲解。

学习目标

【知识目标】

1. 了解并掌握家居家纺类商品直播间的搭建方法；
2. 掌握家居家纺类商品讲解常用话术；
3. 掌握家居家纺类商品直播讲解要点。

【技能目标】

1. 能够撰写家居家纺类商品直播脚本；
2. 能够完成家居家纺类商品直播。

【思政目标】

1. 培养和增强学生廉洁意识，树立正确的世界观，提高鉴别能力；
2. 培养和提高学生抵制不良社会风气的能力；
3. 纠正学生以自我为中心的意识；
4. 让学生认同“服务不低贱”，形成“我要去服务”的理念。

活动一 家居家纺类商品直播间的搭建

活动描述

芝麻家纺因为最近生意惨淡，想联系一位知名主播帮助其进行夏季商品清仓甩卖直播活动，通过介绍，找到了菲菲。她是一名“达人”主播，有非常丰富的直播带货经验。菲菲来芝麻家纺做直播前准备，发现芝麻家纺的直播间需要重新搭建。那么，芝麻家纺的直播间该从哪些方面改进呢？

活动实施

家用纺织品又叫装饰用纺织品，简称家纺，家纺包括窗帘、布艺、靠垫、床品、地毯、浴巾、厨房纺织品、床笠、床罩、蚊帐、凉席、被子、毛毯、抱枕等。家纺在家居装饰配套中被称为“软装饰”，在营造环境时起着决定性的作用。

如今的家纺行业已经具备了时尚、个性、保健等多功能的消费风格，家纺在家居装饰和空间装饰正逐渐成为市场新宠。因此，直播运营团队在开展家居家纺类商品直播时，一定要关注商品与房间装修风格整体的搭配。

直播运营团队开展家居家纺类商品直播，在搭建直播间的时候，要重点关注直播间布景和直播间灯光布置。

1. 直播间布景

床单、被套、被子、窗帘等家居家纺类商品的面积较大，所以在家居家纺类直播中，为了更好地展示商品，主播在多数情况下会采取站播的方式。直播运营团队在布置家居家纺类商品直播间时可以采用以下策略。

（1）营造场景感

家居家纺类商品强调商品的搭配性，所以家居家纺类商品直播要注重营造场景感。直播运营团队可以将直播间布置得生活化一些。例如，主播销售枕头、枕套、床单、被套等床上用品时，就可以在直播间中摆上床、沙发、地毯等，将直播间布置成卧室的样子，然后在床上展示各类商品，营造场景感，如图7-1所示。将商品置于真实的使用场景中，一方面有利于更好地展示商品，让用户更加直观地了解商品的使用效果，另一方面能为用户带来极强的沉浸感，让用户所见即所得，消除用户对商品的疑虑。

为了更好地向用户展示商品，主播可以采用移动直播设备、移动直播镜头的方式，即商品保持不动，但是主播移动（主播可以不出镜），且直播镜头移动，这样主播可以随着自己的移动，灵活地用全景镜头为用户展现商品的使用效果，或者用特写镜头向用户展示商品的细节设计。

图 7-1 营造场景感

（2）利用展示柜陈列商品

直播运营团队可以将直播间的背景墙换成展示柜，并在展示柜上陈列各种商品，如图 7-2 所示，这样能产生景深效果，让直播间的空间显得更大，同时主播也能利用展示柜对商品进行展示，吸引用户的注意力。如果有用户对展示柜上的商品感兴趣，主播可以对这些商品进行介绍，延长用户在直播间的停留时间，提高直播间的转化率。

图 7-2 利用展示柜陈列商品

(3) 使用多种工具做景深

主播可以在直播间中摆放展示柜和床的同时再摆放一个方台，如图7-3所示，该直播间使用了展示柜、床、方台等不同的工具，这样就做出了景深效果，让直播画面更有层次感。此外，主播可以在不移动直播镜头的前提下，分别利用方台和床对商品进行多角度的展示。主播可以在方台上运用特写镜头对商品细节进行展示，还可以把商品放在床上，采用全景镜头对商品使用效果进行展示，这样有利于用户更全面地了解商品，刺激用户产生购买欲望。

图7-3　使用多种工具做景深

(4) 在工厂、仓库直播

主播可以不用搭建专门的直播间，而选择在工厂、仓库进行直播，如图7-4、图7-5所示。主播在工厂、仓库直播有较强的原生感，可以让用户直接看到商品的生产环境、生产过程，能够直观地观察到商品由工厂、仓库直接发货，也能让用户更深入地理解商品价格低是因为商品销售省去了中间商环节，而不是因为商品的质量较差。这样有利于提高用户对商品的信任度。

主播若选择在仓库中直播，要将仓库内的商品摆放整齐，为用户营造一个整洁、有序的直播环境，让直播画面显得比较美观。如果仓库内的商品乱摆乱放，主播置身于一个杂乱无章的环境进行直播，不仅影响直播画面的观感，还容易让用户对商品的品质产生怀疑。

图7-4　在工厂直播

图7-5　在仓库直播

2.直播间灯光布置

在注重场景感的直播间中，主播采用主播移动（主播不出镜），且直播镜头移动的方式来直播，此时直播运营团队要重点在商品顶部布置灯光，让灯光由上而下照射商品，而且在布置灯光的时候要注意保持直播间内灯光分布的均匀性，以增强直播间的氛围感。直播运营团队如果采用主播不移动、在固定的位置展示商品的方式进行直播，可以参考服饰类商品直播间灯光布置策略来布置直播间的灯光。

活动总结

请你利用所学习的知识，帮助菲菲搭建一个家居家纺类商品直播间，说明从哪些方面进行搭建及注意要点。

____

____

____

活动二
家居家纺类商品直播的讲解要点

活动描述

芝麻家纺想请菲菲指导点拨一下自己的主播，希望今后品牌自播也能有个好的业绩。于是，菲菲就从商品直播讲解要点开始传授经验。那么，芝麻家纺的品牌自播主播需要学习哪些内容呢？

活动实施

主播在讲解家居家纺类商品时，要重点讲解以下几个要点。

1.介绍商品的面料

家居家纺类商品，尤其床上用品是人们每天都要贴身接触的物品，所以很多人在选购这类商品时，非常重视商品的面料。床上用品对面料的要求，除了内在质量要求外，还必须有很好的外观，面料的撕裂强度、耐磨性、吸湿性、手感都应该较好，缩水率控制在1%以内，色牢度要符合国家标准。主播在讲解家居家纺类商品时，要对商品的面料进行重点介绍，并介绍面料的优缺点，为用户做出购买决策提供有效的参考。此外，主播在介绍商品的面料时，要用近景进行展示。以床上用品为例，常用的面料的特点见表7-1。

表7-1　常用面料的特点

面料种类	触感	透气性	吸湿性	保形性	色牢度	洗涤	价格
涤棉	较软	一般	一般	良	良	湿洗	较低
涤纶	光滑	差	差	良	优	湿洗	低
晴纶	光滑较软	差	差	良	优	湿洗	低
纯棉	柔软、微凉	良	优	一般	良	湿洗	较高
亚麻	粗涩、凉爽	优	良	较差	差	湿洗	高
棉麻混纺	较软、凉爽	优	优	一般	一般	湿洗	高
真丝	光滑、柔软、凉爽	优	一般	差	良	干洗	昂贵
贡缎	柔软、光滑	良	良	一般	良	湿洗	昂贵
丝棉混纺	较滑、柔软、凉爽	优	良	一般	良	干洗	较高
莱赛尔纤维（天丝）	光滑、柔软、凉爽	优	优	较差	优	湿洗	较高
竹纤维	较滑、柔软	优	优	较差	良	湿洗	较高

2.介绍商品的尺寸

主播要向用户介绍家居家纺类商品的尺寸。床品的规格一般都以厘米为单位，表示方法采用以“×”来划分长度和宽度，“×”左边是宽度，右边是长度。例如，被套有多大，适配多大的被芯和床，国际标准号被套的规格是203厘米×229厘米；枕芯是多大尺寸，适配多大的枕套，枕芯国际标准是48厘米×74厘米等。

3.介绍商品的制作工艺

为了彰显商品的品质，主播可以介绍家居家纺类商品的制作工艺。例如，枕套上的印花为纯手工制作，或者印花采用刺绣工艺等，借助商品与众不同的制作工艺来吸引用户进行购买。

4.介绍商品的设计风格

家居家纺类商品的材质、制作工艺固然非常重要，但对于用户来说，如果家居家纺类商品的设计风格与房间整体风格不一致，他们也可能放弃购买。因此，主播在介绍家居家纺类商品时，要注意介绍商品的设计风格，为用户提供搭配参考。家居家纺类商品常见的设计风格见表7-2。

表7-2　家居家纺类商品常见的设计风格

设计风格	风格特点
美式风格	对称精巧，华美优雅，家居家纺类商品设计中多会采用星星、麦穗、华彩等纹饰元素
新中式风格	古朴优雅，怀古融今，家居家纺类商品设计中中式元素与现代元素巧妙融合
新古典风格	低调奢华，复古流畅，家居家纺类商品设计中通常会采用扇形、玫瑰花等元素
欧式风格	古典奢华，将古典奢华之风与简洁实用的现代设计相融合，将“时尚”“健康”“实用”三大要素融入产品之中，以白色、金色、黄色、暗红为主色调，多采用镶绣、镂花、缎带等造型
现代风格	简约大气、时尚，家居家纺类商品设计中多采用简单的几何图形、线条等元素进行拼铺
民族风格	新颖、时尚，家居家纺类商品设计中多采用鲜亮或中度色系的色彩，呈现出民族特色

5.介绍商品的保养方法

为了增加直播内容对用户的吸引力，主播可以讲解家居家纺类商品的保养方法，让用户在观看直播时学习到有用的知识。例如，主播可以介绍不同面料的床上用品所采用的洗涤方法、晾晒技巧和收纳、保存技巧等。常见床用面料的洗涤保养方法见表7-3。

表7-3　常见床用面料的洗涤保养方法

面料	保养方法
纯棉	（1）浸泡时间不可太长（最好不超过30分钟），以免褪色； （2）尽量使用温和、中性的洗涤剂，切忌使用漂白水，清洗时，不要将洗衣粉直接倒在产品上，而是必须让洗衣粉先在水中溶解之后，再放入产品清洗； （3）晾晒时，不要将床单、被套等直接暴晒在阳光下，最好将产品翻过来，放在阴凉通风的地方
亚麻	（1）干洗、水洗均可，干洗效果最佳； （2）水洗前在30～35℃温水中浸泡10分钟； （3）洗涤剂应采用中性洗涤剂，忌用含漂白成分的洗涤剂； （4）手洗时勿用力拧，铺平后自然阴干； （5）机洗时应使用抗皱功能，勿使用脱水功能； （6）阴干至八成，最好进行高温熨烫，使产品更加平整、光滑； （7）洗涤折叠后，装入包装内即可，保养正确可延长使用寿命

续表

面料	保养方法
真丝	（1）真丝床品收纳时不应与樟脑丸放在一起，以免变色发黄； （2）真丝床品不宜与柞蚕丝衣物放置在一起，因为柞蚕丝衣物的原料大都经过硫黄蒸，会使真丝床品变色； （3）收纳真丝床品应同毛呢、裘皮服装分开或用塑料袋包好； （4）收纳白色真丝床品时，可用蓝色薄纸包裹，这样可以保护白色真丝床品不变色
丝棉混纺	（1）不要暴晒； （2）不能水洗，因为桑蚕丝特有的杀菌、吸潮等特点，它不易滋生细菌； （3）容易板结，以往的丝绵在使用不久后就容易板结，但是随着工艺的不断革新，丝绵的蓬松度越来越好，只要在晾晒的时候经常轻拍，丝绵自然蓬松如新
莱赛尔纤维	（1）与棉织物洗涤要求基本相同，但洗涤时应比棉织物要轻柔； （2）忌用力搓洗，忌硬刷洗，忌用力拧绞，应折叠挤净水分； （3）随洗随浸，水温忌超过45℃； （4）与其他衣物分开洗涤，勿使用漂白剂； （5）阴干，不可拧干； （6）耐高温，可用高温至200℃去熨烫； （7）注意通风，避免潮湿，以免发霉
竹纤维	（1）可水洗、干洗，常温洗涤，不能高温浸泡； （2）机洗时不能甩干； （3）清洗后，在通风避光处晾干即可，不能暴晒； （4）应低温熨烫，如使用烘干机，须选用低温烘干，温度不能超过35℃，以防过度缩水； （5）有花边、坠子等可取下的装饰物时，一定要先取下再洗； （6）收纳时折叠整齐，并放入一些樟脑丸，在暗处、湿度低、通风良好的地方存放

6.介绍商品的色彩搭配

在家居装修中，家纺类用品的颜色最好与房间、家具的色彩相协调。因此，主播在讲解家居家纺类商品时，可以介绍一些商品色彩搭配的技巧。

例如，奶黄色的墙面可以搭配浅棕色、有花纹图案的床罩；棕色家具可以搭配淡红色之类的暖色调的床罩，这样可以营造美观、活泼的感觉；空间较大的卧室可以选用浅咖啡色、大花型形图案的床罩，以降低空旷之感。

又如，春、夏两季气温相对较高，可以选择清新、淡雅的冷色调且质地较薄、吸湿性较好面料的床罩；秋、冬两季气温较低，可以选择暖色调的质地较厚面料的床罩等。

7.多种方式展示商品

在讲解家居家纺类商品的过程中，主播可以采用多种方式来展示商品，以凸显商品的品质，提高用户对商品品质的信任度。例如，主播可以将水倒在毛巾上，毛巾迅速将水吸收，以此体现毛巾的吸水性好；主播可以将羽绒被或枕头剪开，展示羽绒被或枕头里面的原材料，以此体现羽绒被或枕头用料真实、品质好。

活动总结

请你利用所学知识，任选一类家居家纺类商品，与菲菲一起完成模拟讲解。

______

______

______

活动三 家居家纺类商品直播讲解常用话术

活动描述

芝麻家纺品牌自播的主播在掌握了家居家纺类商品讲解要点之后，还向菲菲学习了很多家居家纺类商品的讲解话术。让我们一起来学习吧！

活动实施

专业、详细的商品讲解是刺激用户产生购买欲望的重要因素之一，因此主播要重视商品讲解话术的设计。

1.床上四件套讲解话术示例

（1）这款铂金棉四件套，面料是60支高支高密国际面料，面料柔软，耐磨耐用，一年四季都可以用，不起球、不掉色、不缩水、不变形，小宝宝、老人、孕妈妈都是可以放心使用的。

（2）这个磨毛四件套是由一种高档精梳棉，先经染整后，再经精湛磨毛工艺制作而成，不易褪色，手感好。不仅颜色、花型好看，简单大方，而且面料特别舒服，柔软、舒适，可以给我们的睡眠营造一个很好的环境。

（3）这款高端天丝，是120支的兰精天丝，被套和枕套全部是做的这种三边，是彩线刺绣的大宽边，特别有质感，面料特别舒服，有蓝色、粉色、米白色和浅灰色四色可选，正反面都是120支兰精天丝。圆角荷叶边的床单可以感受120支的天丝的丝滑流动性，这个面料的体验感是接近于真丝的。

（4）这套床品采用长绒棉，品质优良，其纤维柔长，被世人誉为“棉中极品”。世界上只有中国、美国和埃及出产，所以使得长绒棉四件套价格普遍上涨。这款长绒棉四件套采用丝棉提花面料经纬交错制成，精致图案纹理彰显了高贵品位。透气舒适，呵护肌肤，有效保证了睡眠质量。长绒棉四件套在使用过程中悬垂感极佳，具有丝绸般的光滑和舒适度，同时长绒棉四件套具有面料色牢度高、耐磨耐用、久洗不褪色、抗皱性好、不易起皱、排湿性好、相比普通面料具有5倍以上的透气性等优点。

（5）这款条纹的四件套，采用的是全棉的水洗棉的面料，这种面料是百分之百的纯棉，其中的棉纱特别柔软，冬暖夏凉。利用水色织布之前，纱线先染色再过水，最后织成布料，所以这种布料一般只有条纹和格子的花色，非常符合现代人简单大方的审美。

2.被芯、枕芯讲解话术示例

①被芯采用厚实细腻的磨毛面料，表层有细密的绒毛，柔软舒适，贴身使用被芯能让您免受入被时的寒凉之感。被芯采用精细化的绗缝工艺，固定内芯，内芯不易起球、走形，并且针脚匀称、美观，针距紧致、牢固，不跑毛、不脱线。

这款被芯有小号、标准号、加大号三种大小。小号被芯的大小为152厘米×210厘米，填充物重量为1 350克，推荐1.2米、1.5米的床使用；标准号被芯的大小为203厘米×229厘米，填充物重量为2 000克，推荐1.5米、1.8米的床使用；加大号被芯的大小为230厘米×229厘米，填充物重量为2 250克，推荐1.8米、2米的床使用。

②给孩子选枕头，主要关注高度、软硬度及透气性三项标准。枕芯采用非温感记忆棉材质，具有零压力、慢回弹的特征，始终保持一致的柔软度。婴幼儿童的皮肤和呼吸系统比较娇嫩，睡眠时新陈代谢旺盛，易出汗，易流口水并滋生细菌，枕头采用抗菌防螨的纯棉面料，透气性和亲肤性好。软硬度合适和弹性好的枕头能使孩子快速入睡，采用记忆棉作为枕芯，可以很好地消除孩子白天学习带来的压力，枕在上面就像飘浮在云端一样，致使肩颈部血液循环流畅，翻身次数大幅减少，孩子睡得更深、更沉。

3.羊毛毯讲解话术示例

羊毛毯透气性好，人躺在上面，毛面下纤维之间的孔隙形成一个空气流动层，会给人体在睡眠的时候提供比较理想的恒定温度，有利于提高睡眠质量。羊毛因其绝热和透气性能，是公认的最佳保暖材料，不仅可以保暖，而且能够调节冷热。羊毛中也含有一种鳞片，由于其具有吸水、放湿的性质，因此可排出身体流出的汗水或热气。羊毛的保暖性、透气性、防潮性对关节炎和风湿病人具有很好的疗效，同时厚厚的羊毛具有丰富的弹性，皮毛表面松软，能分散人体皮肤特别是骨骼隆起部位所承受的压力，自身体重转动时，具有一定的按摩效果，刺激毛细血管，有利于改善皮肤的血液循环，对于肌肉疲劳、关节痛有一定的缓解作用，皮毛的纤维间隙可以吸收和扩散人体皮肤排泄出来的汗水和油脂，有助于皮肤的新陈代谢，增强抵抗皮肤病的能力；羊毛皮鲜亮的图案和色泽具有很强的装饰性，让家居显得富贵华丽，皮毛进入家庭，成为现代人的家居时尚。

4.夏凉被讲解话术示例

这款夏凉被，打开包装之后就肉眼可见的柔软，面料非常光滑，抖落的时候没有掉落一点毛絮。面料是A类标准，50%大豆纤维。细节做工也很好，没有线头，侧面有一个拉链，可以检测里面的填充物，重量有3.5千克和5千克可选，保暖性非常好。这款夏凉被采用冰激凌色，给人以清爽清新之感，能为卧室增加时尚感。

5.蚊帐讲解话术示例

有没有夏天很容易被蚊子叮咬的人？有没有家里因为有小朋友晚上不想用电蚊香、防蚊液防蚊的？如果您存在这些情况，那么您需要一件夏季必不可少的床上用品——蚊帐。很多人担心蚊帐的安装问题，认为现在的床没有床柱，蚊帐在安装时非常不方便，而且很多蚊帐都只有一个出口，人们出来进去也非常不方便，互相打扰，休息不好。其实这个顾虑是多余的，我们新款的蚊帐在设计的时候都考虑到这些问题。我们这款蚊帐是一体式不锈钢支架的，支架不使用螺丝，直接拼接即可，女生也能轻松安装。支架上是一体式导轨带，安装有静音滑轮，蚊帐拉动时顺滑不卡顿。这款蚊帐是四扇帐纱，三开门设计，里面的人可以从三个方向进出，起夜不会影响到其他人。蚊帐采用的是24空加密加固蜂窝帐纱，不仅能有效防蚊，还具备防尘效果，且加密帐纱非常结实、耐撕扯。蚊帐是方顶的，也称为宫廷蚊帐，造型新颖，凸显高贵豪华，不仅能防蚊，还能很好地装饰房间，兼具实用性和装饰性双重功能。选择蚊帐的时候一定要知道床的大小，需要测量床的宽和长两个尺寸，宽度是两个床脚之间的距离，长度是床靠背到床尾之间的距离，因为蚊帐要把床靠背也包含进去，所以所选蚊帐的长要比床长一点。蚊帐的清洗也非常简单：首先，用清水浸泡2~3分钟，洗去表面灰尘，再用洗衣粉2~3汤匙，放入盛有冷水的盆中，溶解后放入蚊账，浸泡15~20分钟，用手轻轻搓揉。其次，不可用热水烫，否则会变形，用清水漂洗后，挂在通风处晾干。最后，洗净的蚊账要用塑料袋或布将其叠整齐后包好，单独存放，不要放卫生球，如果和其他衣物混存，卫生球用白纸包好，放在箱柜四角，不要和合成纤维蚊账接触，否则帐纱会降低强度，出现斑渍。

6.窗帘讲解话术示例

（1）客厅的窗帘，除了要遮挡阳光，还要能营造清凉田园气息的唯美感觉，唯美的碎花图案是营造田园风情的自然、浪漫美感的不二之选。

（2）粉色印花在白色纯棉布帘上，显得格外浪漫、优雅，尤其在韩式田园风格的家中，搭配纯白家具，让这一抹淡淡的粉色显得更加淡雅、迷人。用粉色格纹作为窗帘拉杆位置的装饰，加上几个装饰用的蝴蝶结，可爱甜美的感觉马上彰显出来，淡淡的粉色印花为这个夏日增添了迷人的色彩。

（3）亚麻布这种纯天然材质的布料，在夏日作为窗帘，最能让人感受到清新与自然的感觉，尤其用上宁静的蓝色，更加突出了清凉的气息。如同水珠般清透的蓝色玫瑰，在米黄色亚麻布帘上显得格外雅致，在一袭水蓝色与米黄色的布帘之间用蕾丝边做了装饰，过渡得优雅、大方。

（4）在飘窗或卡座前设计这样一层帷幔式的窗帘，让你的休闲区化身为“公主的宝座”。两侧长长的粉色荷叶边窗帘拖曳到地上，中间再将白纱罗马帘拉起，做成半遮掩的效果，让窗前的区域显得妩媚、动人。纯净的粉色原本就给人浪漫的感觉，加上荷叶边的效果更是让人觉得甜美、纯真，搭配白色的韩式田园风格家具，充满少女般的清甜气息。

活动总结

请你利用所学知识，任选一类家居家纺类商品，与菲菲一起完成模拟讲解。

____

____

____

活动四
家居家纺类商品直播脚本范例解析

活动描述

芝麻家纺品牌自播的主播完成了直播前期的准备工作，但是临近直播，她非常迷茫，不知道该在直播中做哪些事情，也不知道该说些什么。菲菲告诉她这时候就需要在直播前准备好直播脚本。那么她该怎么做呢？

活动实施

【范例】——“一被子　一辈子”直播

西西是淘宝网的小卖家，现在要开始“进军”直播了。今天她打算小试牛刀，使用店里的网红蚕丝被芯尝试第一次直播。本次直播计划比较简单，只需要讲解清楚一款商品即可。

“一被子　一辈子”直播案例

1.直播概况

（1）直播主题：“一被子　一辈子”。

（2）直播时长：25 分钟。

（3）直播目标：完成直播，能对一款商品进行完整介绍，突出商品优势。

2.选品

蚕丝羊毛二合一子母加厚被芯。

3.商品上架

（1）商品标题：蚕丝羊毛二合一子母加厚被芯。

（2）商品类目：家居家纺类/被子。

（3）商品价格：599 元/床、749 元/床、849 元/床。

（4）商品库存：500 床。

（5）商品详情描述：

①蚕丝羊毛二合一子母加厚被子冬天被芯双人保暖床上用品。

②尺寸规格：

1.2 米床可选 152 厘米×210 厘米，填充物 350 克；

1.5 米床可选 203 厘米×229 厘米，填充物 500 克；

1.8 米床可选 230 厘米×229 厘米，填充物 550 克。

③类型：羊毛被。

④面料成分：棉。

⑤填充物成分：羊毛。

⑥适用季节：冬季。

⑦安全类别：B类。

⑧是否子母被：子母被。

4.预热物料的制作

提前2小时发布直播预告，包括直播标题和封面等。

5.脚本策划

“一被子　一辈子”直播脚本见表7-4。

表7-4　“一被子　一辈子”直播脚本

流程	时长	步骤	直播稿内容	备注
开场	2分钟	开场介绍	直播间的宝宝们大家好，这里是初看炫目、细看悦目、引人注目、好物琳琅满目，直播永不落幕的西西小店，我是你们的主播西西。 西西小店在淘宝开了三年了，感谢老粉们的陪伴。从今天开始，我们的淘宝直播就开通了，欢迎老粉和新粉们。 为了庆祝开通直播，也感谢大家的支持，今天西西小店会有大力度的优惠活动哦！再次欢迎大家来到西西的直播间，快戳上方关注，关注主播不迷路，各种福利抢不停	打招呼
讲解商品	22分钟	讲解商品	今天是我们西西小店首次直播，主播西西精心挑选了一款超低价、优质好物推荐给大家，快来抢福利啦。 我们今天要给大家推一款超级红的蚕丝羊毛二合一子母加厚被芯，这款被子有6个优势： 第一，因为是子母被，所以一床被子可以三用，相当于一床薄的蚕丝子被+一床厚的羊毛母被，一厚一薄，可以通过子母扣自由拆卸与组装，一床被子即可满足四季温度变化需求，减少了很多不必要的开支，不需要买很多床不同厚度的被子来应对各个季节对被子的需求，非常实用。 第二，这款被子采用二合一设计，一床被芯可三用，却仅占一床被芯的收纳空间，告别了凌乱的房间。这样收纳方便，为家里节省了很多空间，尤其是在使用了真空压缩袋之后，更是只有薄薄的一层。 第三，这款被子使用的填充蚕丝，是经过优选的品种，是市面上非常高端的，子被优选柞蚕丝（中长丝绵）填充，中长丝绵是直接从优选的蚕茧手工拉直而成，蚕丝纤维细腻绵长，不易板结，制成的被芯保暖又轻巧，使用年限更长久。丝质柔滑舒爽，蚕丝集轻、细、柔、暖于一身，贴合肌肤曲线，柔软轻盈，所以这款被子盖在身上的感觉是丝滑贴身的，可以莹润肌肤。 第四，这款被子优选进口大洋洲羊毛作为母被填充，大洋洲羊毛因为卷曲的特性能够存储大量空气，保证人的体温不易流散，更保暖。大洋洲羊毛和普通羊毛的差别很大：	抓住消费者痛点讲解商品，突出商品优势。根据讲解内容同步展示被子的不同部位

续表

流程	时长	步骤	直播稿内容	备注
讲解商品	22分钟	讲解商品	大洋洲羊毛纤维细长，而普通羊毛纤维较粗短；大洋洲羊毛的色泽非常均匀，而普通羊毛色泽较暗；大洋洲羊毛卷曲柔软，普通羊毛却手感稍硬；从保暖性来说，普通羊毛比大洋洲羊毛品质略逊。我可以教大家通过燃烧，辨识真假羊毛。真羊毛燃烧速度很慢，同时能闻到燃烧毛发的味道，多次点燃才能烧完，并化为灰色灰烬，碳化后的灰烬用手一压就碎为粉末。仿羊毛燃烧时立即熔化并变成蜷缩的球状，燃烧速度很快并散发出燃烧塑料的味道，碳化后的灰烬用手一压会发硬并黏结在一起。 第五，这款子母被均采用纯棉面料，触感上亲肤细腻，视觉上简约美观，更能凸显被芯品质，蚕丝子被采用40S纯棉斜纹面料，细腻柔软；羊毛母被采用纯棉防绒面料，防止跑毛。 第六，这款被子采用三层防护工艺，每一细节之处都可见品牌的用心，而精致的细节源于品牌的严格要求。采用质感厚实的防绒纯棉面料，羊毛不易漏出；绗缝间距小，针眼细密匀称，使被子更精致、固定；采用防绒涂层，面料不易跑毛。 这款被子经过了严格的质检，pH值符合要求，未检出甲醛含量和可分解致癌芳香胺染料，可以让我们放心享睡；这款被子有三种规格，大家可以自由选择：1.2米床可选152厘米×210厘米，填充物350克；1.5米床可选203厘米×229厘米，填充物500克；1.8米床可选230厘米×229厘米，填充物550克。 这款被子只有白色一种颜色，因为这种纯净的白色，才能体现出高档的品质。 现在下单满839元减600元，三种尺寸规格价格分别是599元、749元和849元，非常合适，这是你在实体店根本享受不到的价格，还给你包邮，快来抢呀！给你的亲朋好友都带上吧，让他们都能感受到你爱的提示，送他“一被子”，温暖情谊保持“一辈子”哦	抓住消费者痛点讲解商品，突出商品优势。根据讲解内容同步展示被子的不同部位
结束	1分钟	结束	宝宝们，西西马上要下播了，感谢大家的陪伴和购买，要想下次不迷路，双击两下点关注。不管是新朋友、老朋友，进来了就是西西的家人、朋友。 感谢大家关注咱们直播间，明天，我们有更多福利送给大家，期待大家明天到来，今天就到这里了，宝宝们再见	再次提醒观众关注主播

6.直播间的准备

直播落地架、手机、柔光美颜补光灯。

7.现场直播

依据脚本完成5分钟直播，能清晰流畅讲解一款商品，做到卖点突出、展示到位、思路清晰。

8.直播复盘

查看本次直播数据，对直播情况进行总结，撰写100～300字的直播复盘报告，反思是否做到：完整讲解商品，勇于尝试，商品讲解耐心细致、镇定从容、热情有礼，商品介绍实事求是。

活动总结

请你利用所学知识，帮助菲菲一起撰写一份家居家纺类商品直播脚本。

____

____

____

知识拓展7-1

如何进行直播选品

直播脚本可以分为两种类型：一种是单品直播脚本；另一种是多品直播脚本。成熟的主播在每次直播前都有选品团队对销售的商品进行精细的挑选，只有选对商品，才能取得好的效果。

想要做好直播选品，可以从以下几个方面入手：

1.有需求的商品

直播带货需要有精准的定位，这就要求主播对观众有清晰的了解，包括性别、年龄、兴趣爱好、活跃时间等。除了前期的规划，直播后台数据也会反馈出观众的偏好，主播可以获知哪种商品才是观众想要的，从而调整自己的商品选择方向。

2.热度高的商品

网红商品在需求高涨时会带来不错的销量。比如儿童泡泡相机、猫爪杯、红豆薏米茶，这类商品在火爆时期几乎全网都在卖。当然，即使是热度高的商品，也需要在直播间里通过互动的形式了解观众的需求。追热度一定要快，才能有较大的利润空间。

3.性价比高的商品

性价比高并不等同于“便宜”。性价比高的商品更注重的是让观众觉得实惠放心，这样才能把观众长期留在直播间，并且避免出现主播信任危机。

4.有卖点的商品

销售没有卖点的商品时，主播是很难带动销量的。因此，主播在选品时尽量挑选卖点突出的商品，适当提炼并加以推广，提醒观众下单。

5.复购率高的商品

直播带货时的粉丝群体相对稳定，不容易快速增加粉丝数量。所以，商品的购买频次一来影响收益，二来影响粉丝的活跃度，处理不当还会导致粉丝流失。

选择一些快消品，由于复购率高，会有更好的效果。随时观察带货数据，若复购率连续下降，就要进行商品调整。

活动五 家居家纺类商品直播实战训练

活动描述

本次直播电商竞赛的商品类目为家居日用品。根据提供的店铺背景、商品资料信息，按要求在淘宝直播平台完成一场15分钟的直播。

活动实施

一、训练要求

1.店铺背景

小雅是某中职学校电子商务专业的学生，她在第一学期就在淘宝网上开设了个人店铺“雅萌小铺”，主营家居日用品。虽然最开始销量不是很好，但她一直坚持打理店铺，从不放弃。

由于商品质量过硬且服务周到，经过坚持不懈的努力，小雅的淘宝店铺积累了一些客户，现在她马不停蹄又开始了淘宝直播的尝试。明天是小雅第一次直播，她精心挑选了一款福利商品回馈店铺的新老客户。

2.商品资料

商品资料见表7-5。

表7-5　商品资料

商品名称	商品图片	商品介绍
保温杯		材质：SUS316不锈钢； 容量：200/300ml； 产地：中国； 颜色：白、绿、粉 保温性能：6小时≥42℃ 杯子样式：直身杯； 塑件：食品级； 适用场景：商用、日常； 销售信息： 平时价格198元/个，直播间专享价99元/个，关注主播才可以享受此价格，共计1 000个，售罄不再补货，每人最多购买2个

3.竞赛要求

根据店铺情况、商品资料等，策划并执行一场时长为15分钟的直播，完成直播策划、现场直播、直播复盘。具体要求如下：

（1）确定直播主题与目标的具体要求：根据店铺情况、商品资料等，确定直播主题与直播目标，要求主题贴合实际，有吸引力，目标明确、可行性高。

（2）选品与排品的具体要求：本次竞赛使用指定的商品保温杯。

（3）商品上架的具体要求：在淘宝直播平台完成主播入驻并上架商品，设置直播商品上架要素信息，包括商品标题、商品类目、商品规格、商品价格、商品库存、商品主图与辅图及商品详细描述。

① 图片的要求：依据基础素材，使用Photoshop软件完成主图、辅图及图文介绍的制作。

② 商品详情描述的要求：商品详情描述采用图片或图文混排的形式，可以包含商品展示、包装信息、参数信息、物流信息、售后信息、顾客好评截图等。

（4）宣传物料制作的具体要求：依据直播主题及直播商品等制作并发布直播预告，包括预告封面、直播标题、直播时间、内容介绍、频道栏目等。

（5）脚本策划的具体要求：完成15分钟的直播脚本话术编写，要求行文流畅，商品卖点突出。

（6）直播间设置的具体要求：在淘宝直播平台设置好直播间介绍、直播主题（内容）、话题等。

（7）现场直播具体要求：依据背景资料、商品信息及直播筹备情况等，使用手机完成一场15分钟不间断的现场直播。直播内容契合直播主题与竞赛商品；直播时间分配合理，能在规定时间内完成直播活动；能清晰流畅讲解商品，讲解实事求是且具有吸引力，能引导观众下单；讲解内容包含不锈钢材料简易识别方法，以凸显主播专业性及知识面。

（8）直播复盘具体要求：撰写100～300字的直播复盘报告，包括直播数据记录、直播效果分析（做得好的地方和不足之处）。

二、过程记录

按照训练要求完成竞赛项目，并填写表7-6、表7-7。

三、训练评价

根据训练情况，完成直播电商竞赛训练评价表7-8的填写。

评价标准：

优——能够非常熟练地完成相关考核项目，并且各项表现完美；

良——能够较熟练地完成相关考核项目，并且各项表现比较好；

中——能够熟练地完成相关考核项目，并且各项表现合格；

差——不能熟练完成相关考核项目，并且各项表现不合格。

表 7-6　　直播记录

直播主题			直播日期	
直播人员			直播时间	
主播入驻	选用账号	①手机淘宝账号；②支付宝账号；③淘宝账号		
	实名认证	①是 ②否		
直播目标	观看次数		平均观看时长	
	直播间浏览次数		新增粉丝数	
	最高在线人数		商品点击次数	
	封面图点击率		引导成交金额	
选品	直播商品			
商品上架	商品标题			
	商品类目		商品规格	
	商品库存		商品价格	
	商品详情描述			
直播预告	预告封面			
	直播标题			
	内容介绍			
	直播时间		频道栏目	
直播间准备	直播间介绍			
	直播主题			
	选择话题			
	直播场地			
现场直播	回放链接或二维码			
直播复盘	观看次数		平均观看时长	
	直播间浏览次数		新增粉丝数	
	最高在线人数		商品点击次数	
	封面图点击率		引导成交金额	
	复盘报告			

表 7-7　　直播脚本

流程	时长	步骤	直播稿内容	备注
开场		开场介绍		
讲解商品		讲解商品		
结束		结束		

表 7-8　　直播电商竞赛训练评价

考核项目	评价要点	等级				备注
		优	良	中	差	
主播入驻	能完成账号注册、登录、实名认证，成功入驻淘宝直播平台					
直播主题与目标	直播主题明确，能精准定位人群和市场					
	能合理设置开播的数据目标					
选品	使用本场竞赛指定商品					
商品上架	合理设置商品信息，并完成商品上架					
直播预热	能够设置直播预告，进行直播预热					
	预热文案、图片具有吸引力					
直播脚本	开场包含开场介绍，有效引导关注					
	商品信息准确、翔实					
	商品核心卖点突出					
	福利优惠具有一定的吸引力					
	结尾有感谢，有预告，能再次提醒观众关注主播					
	直播环节完整，过渡自然					
	时间安排合理					
直播物料	直播场地的背景与商品搭配协调					
	直播设备准备充分					
现场直播效果	直播内容契合直播主题与竞赛商品；时间分配合理，能在规定时间内完成直播活动；讲解清晰流畅、实事求是、具有吸引力，能引导观众下单；讲解过程凸显主播专业性及精益求精的精神					
直播复盘	数据记录准确、规范、工整					
	能准确分析直播效果，反思直播过程中好的地方及不足之处					

活动总结

请你利用所学知识，和小雅一起，帮助小雅总结本次直播实战训练的完成情况。

案例赏析 7-1

家居家纺类品牌直播解析——“梦恬家纺”

“梦恬家纺”的直播策略特点主要表现在以下几个方面。

1. 多角度强调账号定位

在“梦恬家纺”的抖音账号主页，运营者从多个角度强调了账号定位。首先，账号名称为“梦恬家纺”，账号认证为“圣荣家纺官方账号”，直接表明这是一个专注于销售家纺床上用品的账号。其次，账号简介语气真诚、亲切，“十年家纺源头厂家”和“一件也是出厂价”既突出了账号定位，又强调了商品的价格优势。最后，账号的头图和头像使用的都是床上四件套的图片，也体现了账号专营床上用品的定位。

2. 直播时间固定

账号简介中标明了每天直播的时间，以便观众准时观看直播，有利于培养观众定时观看直播的习惯。在每个月的10日，账号会进行“粉丝福利日”直播，专门为粉丝提供价格非常优惠的福利商品，有效地提高了直播对粉丝的吸引力。

3. 多角度展现商品

“梦恬家纺”直播间内使用了展示柜、床、方台等辅助工具。主播将商品摆放在床上，对商品进行全景展示，还将商品放置在方台上，使用近景或特写镜头展示商品的细节。

4. 强调限量销售

在讲解商品的过程中，主播会不断地强调商品数量有限，刺激观众尽快下单购买。例如，主播会说：“这款夏凉被只有30条，只有今天是以福利价卖给大家，卖完就没有了，以后我们直播间也不会再上这一款了。”

5. 积极与用户互动

主播时常关注用户在评论区的留言，积极与用户进行互动。观众在评论区留言想要看哪一款商品，主播就会在直播间介绍哪一款商品，这也让观众在直播间里享受到了售前的一对一服务。

6. 短视频引流

在直播前和直播中，“梦恬家纺”会发布短视频进行引流，借助短视频吸引观众进入直播间。“梦恬家纺”发布的引流短视频内容分为以下两类：

（1）介绍商品细节的短视频

短视频的内容主要是展示直播商品的细节，凸显直播商品的品质。短视频的内容可以展示商品的缝线工艺、设计细节、填充物材料等。

（2）介绍直播福利的短视频

短视频的主要内容是介绍直播间的福利，借助福利吸引观众进入直播间。例如，主播会说“今天是我们的粉丝福利日”“今天下午有活动哦”“只有500条”“错过了要等明年喽”等。

思考题

1. 与美妆类商品直播间、服装类商品直播间相比，家居家纺类商品直播间的搭建有什么特点？

2. 在网上观看家居家纺类商品直播，说一说他们的直播间有什么优缺点。

3. 选择一款家居家纺类商品，如浴巾、枕套、床单等，模拟直播场景对其进行讲解。

模块八

珠宝首饰类商品直播

珠宝线上化销售在经历了电商、微商两个阶段后，珠宝直播异军突起，各大头部珠宝商也都纷纷加入珠宝直播，一时间竞争的硝烟四起。图文时代，珠宝有办法清晰地全方位展示，无法确定直观的感受，而且信任度也是珠宝销售最大的障碍。直播的出现彻底解决了这些问题，通过主播热情且真诚的讲解，所见所得的佩戴效果，加之强互动，都可以很好地解决图文时代的痛点。珠宝直播营销模式符合传统市场营销理论的技巧和规律，随着科技的发展，大量硬件设备和软件技术问题都将得以解决，所以珠宝直播将成为珠宝行业发展的主流。本模块将从珠宝首饰类商品直播间的搭建，直播的优势、问题及展望，直播讲解话术，直播营销策略，直播脚本范例解析，直播实战训练六个活动进行讲解。

学习目标

【知识目标】

1. 了解珠宝首饰类商品直播行业的现状、存在的问题及未来展望；
2. 掌握珠宝首饰类商品直播间的搭建方法；
3. 掌握珠宝首饰类商品讲解话术；
4. 掌握珠宝首饰类商品直播营销策略。

【技能目标】

1. 能够撰写珠宝首饰类商品直播脚本；
2. 能够完成珠宝首饰类商品直播。

【思政目标】

1. 培养学生的奉献精神；
2. 引导学生积极参与社会活动；
3. 增强学生的社会责任感和使命感；
4. 提升学生进行社会参与的核心素养；
5. 帮助学生了解积极奉献社会的重要性和积极奉献的方式，启发学生积极投身社会。

活动一
珠宝首饰类商品直播间的搭建

活动描述

沁沁是一名珠宝首饰类主播，最近公司安排她参加了一个直播论坛活动，从这项活动中她学习到了很多新知识。学习回来之后，沁沁做的第一件事情就是从直播间的搭建改造开始。那么，珠宝首饰类商品的直播间需要如何搭建呢？

活动实施

珠宝首饰类商品直播间对空间面积的要求不高，15～30㎡即可；房间除直播必备设备以外不要堆放杂物，因珠宝类目大部分具有反光属性，房间的杂物的影子会反射到产品上；直播间最好以纯白色为主，因为白色具有较强的漫反射效果；房间需要密闭性良好，直播时防止噪声的干扰。

珠宝首饰类商品的直播间在搭建时，重点在于直播间的布光，合理的布光可以充分展示出珠宝饰品通透或闪亮的质感。灯光需要准备硬光和柔光两种属性，顶部的灯光属于偏硬性光，最好是可调节的。主播侧面的轮廓光也要偏硬。而珠宝布光则需要使用深抛柔光箱，根据珠宝不同的材质，使用大小、颜色不同的光源进行布光。

珠宝首饰分为三个类目：漫反射材质、镜面反射材质、折射类材质。

漫反射材质珠宝的布光最简单，当光照射到被摄物体上时，所有的光都会覆盖在产品表面，通俗解释就是只要用灯打亮即可。常见的类目有手串、手工银饰、古法黄金等。硬光照射漫反射材质更容易表现其质感，所以可以使用一盏强射灯照亮产品，但是直播间需要很明亮才行，不然直播画面依然显得暗淡。

镜面反射材质是直播时最容易出问题的类目，比如K金、925银、珍珠、钻石等。以钻戒为例，镜面反射材质会把全部的光反射出去，这也是无法照亮钻戒的原因，这时需要将硬光利用硫酸纸进行柔化，变成柔光，这样金属表面会留下均匀的光影过渡，然后再利用硬光可以拍出璀璨的效果。加一个射灯在硫酸纸内部，这样既可以拍出金属过渡，也可以拍出闪闪的效果。

折射类材质是直播时最难的：光照射上去，容易偏色，缺乏通透感；光没有照射上去，则暗淡无光，缺少细节。常见的类目有宝石、玉石、水晶等。如果光直射在产品上，就容易出现大面积的白光；如果没有光照射，又缺少水头的效果，且不能用硫酸纸覆盖，不然整个产品会像塑料。所以这个类目需要硬光漫反射的使用，才能拍出通透的质感和切割面。

主播想将珠宝首饰真实、准确地展示出来，布置直播现场时不可缺少准备工作，包括布置补光灯、绿幕、展示桌、物品架、绿植装饰等。主播应采用坐播的方式。珠宝首饰类商品直播的前景陈列非常重要，展示的珠宝一般在镜头的前景位置，主播可以将珠宝放在首饰盒或收纳盒中，摆在前景陈列台上集中展示，直播场景一定要贴合商品气质，要体现高级感和奢华感。

主播在珠宝首饰类商品展示的过程中，需要展示商品的细节，这时候要用到双机位：一个是展示主播佩戴该商品的效果的人物画面（近距直播，如图 8-1 所示）；另一个就是展示商品的特定机位（微距直播，如图 8-2 所示）。

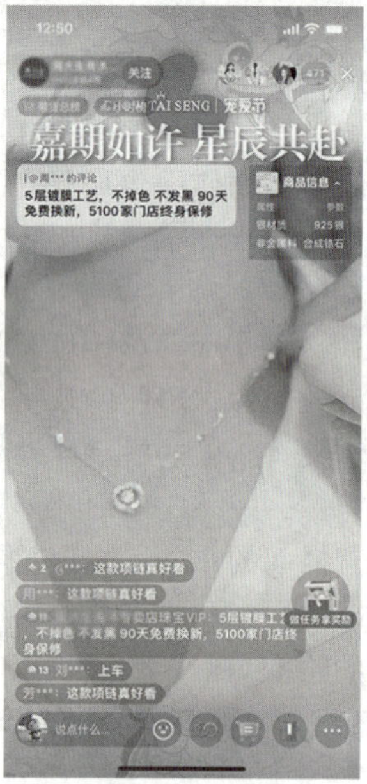

图 8-1　珠宝首饰类直播间近距直播

图 8-2　珠宝首饰类直播间微距直播

活动总结

请你利用所学习的知识，帮助沁沁搭建一个珠宝首饰类商品直播间，说明从哪些方面进行搭建及注意要点。

____

____

____

活动二 珠宝首饰类商品直播的优势、问题及展望

活动描述

沁沁在论坛活动中与很多领导、专业人士、品牌商家进行了探讨，目前珠宝首饰类商品播既有优势，但也存在一些问题。对其优势与存在的问题进行分析，可以

展望整个行业的未来。

活动实施

1.珠宝首饰类商品直播的优势

（1）直播能更好地展示珠宝首饰，增加信任感

珠宝首饰是美丽而动人的。在图文时代，无论是电商还是微商，都有个致命的缺点，就是无法全方位展现珠宝首饰类商品首饰的特征。而直播的方式可以让观众更直观地看到珠宝首饰，也能更好地全方位展现商品，观众和主播真人互动，可以更高效地进行沟通，增加信任感，解决了珠宝首饰电商行业一直以来的信任问题。

（2）珠宝首饰类商品直播成本更低

相比以其他方式销售珠宝首饰，直播成本更低，既无须自己囤货，也无须自建平台，更无须拍照、修图，直播成本低到只需要一部手机便可。现在做珠宝首饰类商品直播，无论是对个人还是对商户而言，都特别方便，门槛极低。

（3）珠宝首饰类商品直播氛围更成熟

随着整个直播业态的发展，珠宝首饰类商品直播氛围也更成熟了。从消费者层面来说，喜欢宅在家里的群体不断增长，间接促成了大家直播购物的习惯；从直播平台层面而言，不少平台都推出了珠宝首饰类商品直播，除了淘宝、抖音、斗鱼、快手、YY、一直播等本来就有珠宝首饰类商品直播外，微拍堂、东家、腾讯、小红书、京东等也纷纷开通了珠宝首饰类商品直播，甚至YY还推出了专门的珠宝首饰类商品直播App；从整个珠宝行业来说，不少珠宝商家也认可了珠宝首饰类商品直播模式，甚至一些大品牌也开展了直播活动，比如周大生、中国黄金、老凤祥等。

在直播这个行业，由于不断有人进入和被淘汰，因此有很多成功和失败的案例可供参考。另外，5G时代的到来，为珠宝首饰类商品直播行业的发展提供了更好的技术保障。

（4）珠宝首饰类商品直播产业链逐渐完善

随着珠宝首饰类商品直播的发展，在市场中不断出现一些个人或者团队，他们通过自己生产或整合资源，将优势货源集中，专供直播间，解决直播间的货源问题。

一些珠宝产业基地也和直播平台合作建立起直播基地，例如淘宝直播相继在河南镇平、广东揭阳和四会、云南瑞丽挂牌“淘宝珠宝直播基地”，为直播提供资源整合的优势。未来将逐渐形成依托原产地、整合产业链的产业带直播，对于消费者的保障也会不断加强。

2.珠宝首饰类商品直播面临的问题

（1）对团队的要求高

直播发展到今天，已经不是当初一个人靠一部手机就能打天下的时代了，产品、运营、主播、渠道、售后都需要专门的人来做，对团队专业性的要求越来越高。一个专业的团队能不能快速地解决各种问题，才是成功与否的基础。

（2）对主播的依赖度高

淘宝直播对主播的依赖度很高，尤其是因为KOL（Key Opinion Lerder，即关键意见领袖）的出货量比较大，导致很多货主只愿意和他们合作，小直播间生存压力比较大。比如，周大生曾经和KOL直播合作，10秒时间，“小蛮腰”钻石项链卖了18 000件，925银蝴蝶项链卖了5万件。这是其他主播不具备的能力。虽然周大生自2017年开始就有意识地在培养自己的主播，但是和网红主播相比，差距还是非常大的。

（3）行业内部良莠不齐

①以假乱真

珠宝首饰类商品行业乱象自古有之。就翡翠来说，B货、B+C货横行，不仅消费者，就算是从业人员，单单通过直播视频也难以分清。珠宝监测站经常遇到消费者带着通过直播购买的珠宝来鉴定的情况，买到假货的案例也不少，其中翡翠和钻石占比最大。

②网络水军

其实水军在直播行业已经不是潜规则了。出于鼓励新主播的目的，作为一种运营手段，适当数量的水军还是需要的。数量过多，甚至配合主播采用各种套路赚取用户的真金白银，就非常过分了。更有甚者，一个直播间80%的用户都是水军。曾经有消费者在网上分享一次经历：快手上一个卖翡翠玉镯的直播间，一只玉镯售价5万元，一位网友听完主播的介绍，犹豫了很久，最终却没有出手。这时有一些网友就劝说“不买真可惜了”，这位网友回复了一句：“说可惜的朋友，怎么自己不出手拿下呢？”下一秒，该网友就被踢出直播间……

③流量造假

电商流量造假早就是公开的秘密了，珠宝首饰类商品直播也不例外，花钱买流量的事情常有之，关键是流量很多是由机器人创造的。

④夸张砍价

经常在珠宝首饰类商品直播间看到惊天砍价的现象，价格从几千上万元砍到几百元，以期增加噱头和快感，吸引了不少人。其实这是主播和货主在演戏。

⑤头部效应明显

根据淘宝统计的数据，淘宝直播翡翠的交易规模大概是70亿元，销售第一的商家就超过了10亿元。后来者想要进入竞争领域，就需要投入更多的时间、财力、人力等各项成本。

（4）市场竞争日益激烈

由于珠宝首饰类商品直播进入门槛比较低，加之网上不断宣传有月销售量过亿元、年赚千万元的例子，进入珠宝首饰类商品直播的人越来越多。不少珠宝品牌企业也开始进入直播行业，市场竞争日趋激烈。

（5）缺少专业人才

珠宝行业是一个特殊的行业，专业性很强，本来了解珠宝的人才就少，既懂珠宝又懂直播的人才就更少了。当前珠宝首饰类商品直播的培训和教育都缺失，从而产生一系列问题。比如，没有专业珠宝知识的主播在介绍货品时不全面、不专业，闹出不少业界笑话，导致退货率极高。直到2019年年底，中国地质大学（武汉）珠宝学院的职业教育系列课程活动才推出第一期珠宝直播培训课程，预计未来懂珠宝又懂直播运营的人才仍是一将难求。

（6）商品问题有待解决

对于珠宝首饰类商品直播来说，产品优势异常重要，当前大部分主播的策略就是要让观众感觉到便宜、真便宜，但以廉价为噱头吸引消费者会导致各个直播间互相压价、不讲究质量、偷工减料、服务较差，给消费者带来不好的消费体验。而且珠宝首饰类商品大同小异，淘宝数据显示珠宝首饰类商品直播的品种以翡翠为主，占整个珠宝首饰类商品直播的70%左右，具有个性化和创新性的商品比较少。

（7）售后问题

珠宝首饰类商品直播行业一直存在退货率高、退货难的问题。究其原因，一方面是因为部分主播不专业，对珠宝首饰类商品的描述与实物相差较大，消费者找专业人士鉴定后就会造成心理上的落差，从而导致退货；另一方面是因为借货直播和代购直播占很大的比例，他们只做代购，并不是货主，所以无法完全保障退换货流程。

3.对珠宝首饰类商品直播的展望

（1）会成为未来珠宝首饰类商品销售的标配

珠宝首饰类商品直播拥有的强大带货能力让很多珠宝首饰类商品商家眼红。各方的研究数据表明，淘宝直播下一步增长的趋势还是很明显的，尽管珠宝首饰类商品直播业态还不成熟，暂时处于起步阶段，但是未来珠宝首饰类商品直播会成为做珠宝品牌、做珠宝电商的一个营销渠道，甚至成为一种标配。

（2）店铺自播会成为主流

当下的珠宝首饰类商品直播主要有代购直播、借货直播、网红直播和店铺自播等几种方式。珠宝首饰类商品直播要求货品足够多、更新快、要有性价比，对于代购直播和借货直播的人来讲，未来将会越来越难做。网红主播能红多久，也是个疑问，而且经常有网红主播翻车，未来几年或许还会有其他红人出现，所以从珠宝品牌自身的角度出发，培养自己的主播、依靠店铺自播会成为主流。另外，店铺自播可以推新或者发放会员福利，为线下引流，甚至部分珠宝加工厂也可能加入直播。

（3）打造产品是核心

珠宝首饰类商品直播虽然有着众多优势，但只能是一种手段，企业竞争的核心还是产品。若要在珠宝首饰类商品直播领域突围，核心产品依然不可缺。

（4）珠宝首饰类商品直播教育培训将快速发展

直播人才匮乏是当下直播行业面临的难题之一，优秀的珠宝首饰类商品直播人才更是少之又少，珠宝首饰类商品直播人才成为刚需。未来会有更多的培训机构和职业技校开设珠宝首饰类商品直播培训，比如，中国地质大学（武汉）珠宝学院、中国珠宝玉石首饰行业协会、郑州珠宝鉴定培训学校等都开设了珠宝直播培训课程，估计未来一些高职院校也会增加直播专业。

（5）珠宝首饰类商品直播会越来越专业

未来随着直播行业的发展和成熟，珠宝首饰类商品直播会越来越专业，无论是从硬件到软件、从团队到流程、从货品到形象、从培训到销售，都会有专业的人才去做，专业的公司去运营，提供更专业的服务。当前的行业痛点会得到解决，比如包邮、增加鉴赏期、配备鉴定证书、退货换货等，客户投诉及处理时效也会提高。

活动总结

请你利用所学知识，帮助沁沁深入分析珠宝首饰类商品直播行业现状，为今后的直播想出新思路。

____

____

____

活动三 珠宝首饰类商品直播讲解话术

活动描述

沁沁在论坛活动中结识了很多珠宝首饰类商品主播，向他们学习了很多直播讲解话术。她深感自己之前的直播水平太差，影响了品牌业绩。那么，她都准备了哪些话术呢？

活动实施

直播营销与线下实体店销售有着很大的区别。在珠宝首饰类商品的直播间中，氛围烘托十分重要，主播不仅要讲解商品，还要进行情绪的引导和传递，要及时地刺激用户完成冲动消费，因此直播之前，讲解的话术也是需要推敲和精练的。珠宝首饰类商品直播讲解话术可以分为以下几类。

1.利用各种称呼，制造身份认同感，吸引粉丝

主播可以在称呼直播间用户时制造身份的认同，以吸引更多粉丝的关注。例如“喜欢古风的宝宝们，请看过来，听好了……”“手指富贵的、脖子修长的、所有想买珠宝首饰类商品却不舍得花钱的女生们……”等。

2.使用明星IP作为参照物介绍商品

主播可以借助名人、IP等高流量事物为粉丝制造身份的认同。例如“它就像神仙姐姐刘亦菲的那种清纯，戴上它的感觉就是仙气飘飘，瞬间化身女神刘亦菲。虽然这是一件普通物品，但是大家看看它设计的比例，轻盈得像一片树叶”。

3.突出商品卖点

主播在进行商品的讲解时要突出商品的卖点，从商品的功能、属性、材质等方面表述清楚，既要使用通俗易懂的语言，讲解得深入浅出，同时又要保证专业性，让用户有信任感。同时，主播也要了解其他竞品，找准自家商品的优缺点，做好定位。

4.利用模特展示搭配与款式，激发观众的购买欲望

女性消费者买首饰主要是为了装饰自己，提升形象和气质，在挑选首饰时首先注意到的一定是它的款式。其款式可以从多个角度出发分类，从年龄来看，可以是偏成熟款或者是偏年轻款；从搭配上来看，可以是简约款或者是复杂款。另外，不同款式的首饰对应不同的年龄段，也对应不同的穿搭。展示出镜部分一定要漂亮，要能让观众看清商品细节。

主播可以向观众传达爱自己的观念，介绍珠宝首饰的寓意、可以给自己带来的利益，从而激发其消费欲望。例如，“女人要懂得宠爱自己，选一款钻石首饰取悦自己，不仅让自己更漂亮，还能体现出尊贵的身份和品位”“钻石象征爱情”“‘福’字吊坠寓意福运相伴”。

5.使用场景描述，提升下单转化率

很多用户在购买珠宝首饰类商品首饰时，并不了解这些商品应该在哪些特定场合佩戴才能更得体，所以他们需要专业的指导，可以帮助他们解决很多烦恼。例如“戴上这条项链，你就是行走的风景线，无论在哪种场合，你就是众人目光的焦点”。

6.体验式表达，增强消费者认可

主播可以亲自佩戴，给观众进行展示，并传达真实的佩戴感受。例如“是的，手镯有点重，就像戴着手表的感觉差不多，也可以说是男朋友牵着你的手的重量”。

活动总结

请你利用所学知识，任选一类珠宝首饰类商品，与沁沁一起完成模拟讲解。

活动四 珠宝首饰类商品直播营销策略

活动描述

沁沁在论坛活动中发现，要想做好珠宝首饰类直播，需要了解几种直播营销策略类型。那么通过学习，沁沁都掌握了哪些直播营销策略呢？该如何操作呢？

活动实施

1.珠宝直播选品策略

直播销售商以各大珠宝品牌为主。黄金和钻石的品质、价值评定标准比较透明，消费者可以通过第三方质检机构出具的鉴定证书快速、准确地获得如成色、重量等影响价值的关键因素，不利于对营销利润的把控。所以考虑到经营成本，更多的直播间，特别是目前占有率最高的，依靠珠宝直播基地等MCN公司的个人，营销产品以玉石、水晶、珍珠类别为主流。又考虑到产品利润以及单品销量的提升，目前直播营销的产品以可批量生产的中低端珠宝为主。

2.珠宝直播推广投放策略

珠宝直播营销最直接的广告投放渠道为直播平台推广，将平台用户引流到自己的直播间。在直播平台的互联网化宣传过程中，有大数据的支持，可以实现定区域、定性别、定年龄、定喜好地推广投放，增大精准目标客户观看量，市场定位更加准确，转化率较高。每个直播平台的广告投放方式不尽相同。快手App的广告投放送达率比较稳定，依托独特的“老铁”文化，聚焦三四线城市下沉市场，主播与粉丝建立起一定的人情关系和信任，具有强黏性，成功带动了玉石产业的发展。在抖音、快手为代表的短视频平台，消费者通过短视频种草进入直播间或在直播时通过短视频跳转进入直播间是珠宝直播营销的主要获客方式，以淘宝直播为代表的店铺跳转直播间，也加大了微淘的短视频推广力度。珠宝直播模式已经逐渐形成了对短视频流量定期投放广告，且直播前30分钟发布引流短视频的直播习惯。

3.珠宝直播KOL营销

KOL营销的购买信任建设与以往的品牌营销是可以共存的，而KOL的养成周期更短，可以靠个人魅力快速凝聚客群。这个过程中人设的重要性非常大，消费者在自己信任的KOL陪伴下“边看边买”，与KOL主播实时互动交流，产品优劣势认知快速且直观，下单率较高，而且人设是差异化经营中最难以复制的，却能带来长期的价值。所以每个珠宝首饰类商品直播间都在努力培养KOL，将其作为广告推广流量的接盘，为营销转化做客户量储备。

4.中高端珠宝明星联播策略

对于定位中高档的珠宝品牌而言，品牌价值与产品销量是同样重要的存在，明星代言是品牌常用的推广手段。在珠宝直播营销模式下，明星效应同样适用，明星自带流量，能够引起情感共鸣、保证品牌溢价。明星配合主播介绍产品，激发购买欲望，“价”与“量”的结合方能取得“品牌”与“销量”的双丰收。

5.特色珠宝直播营销策略

一些珠宝直播间结合自身优势，逐渐形成了独特的直播模式。专业型的珠宝主播通过教授珠宝鉴定技巧、搭配技巧制造信任，从而促成消费。集散地货源优势的直播间打造特价专区，主打百元以内高性价比产品。珠宝设计师或者时尚的品牌通过高频上新，主打各季新款产品，多款式、个性化珠宝引领时尚，还结合了拍卖、团购等模式。

6.国际珠宝直播营销策略

石佛寺曾兴起国际珠宝直播的热潮，一段时间内创造了不菲的销售业绩。在技术团队的扶持下，借助Facebook平台的直播，将和田玉等珠宝通过国际快递销往国外，消费者以海外华人为主。另有一些KOL主播，虽然以国内客户为主，但频繁前往国外各珠宝集散地，特别是参加国际珠宝展，进行珠宝展全程记录直播，帮助消费者在不同国家、不同展会挑选和购买具有本地特色的珠宝。

活动总结

请你利用所学知识，与沁沁一起分析各种营销策略的内容，并选择适合沁沁直播的营销策略。

____

____

____

活动五　珠宝首饰类商品直播脚本范例解析

活动描述

沁沁完成了所有准备工作，但是她想提升自己撰写的直播脚本内容，于是在淘宝直播中观看了一场完整的珠宝首饰类商品直播，同时也认真仔细地研究了直播脚本范例，为今后直播脚本地的撰写做准备工作。

活动实施

【范例】——“浪漫情人节，与你约惠”直播

珍妮饰品在淘宝平台上开设了一个旗舰店，主要销售项链、耳环、手链等饰品，该店铺在抖音上有一个1万位粉丝的账号，计划在8月1日开展一场主题为“浪漫情人节，与你约惠”的直播。

“浪漫情人节，与你约惠”珍妮饰品直播案例

1.直播概况

（1）直播主题：“浪漫情人节，与你约惠”。

（2）直播时长：90分钟。

（3）直播目标：通过较大的优惠力度，吸引观众下单。具体目标如下：

观众总数：2 000人；新增粉丝：500人；付费人数：100；评论人数：350；销售额：10 000元。

2.选品与排品

（1）莫比乌斯环纯银项链原价159元（引流款商品，主推）。

（2）玫瑰情纯银项链229元（活动款商品）。

（3）纯银长款耳环19.9元（活动款商品）。

（4）珍珠耳钉129元（利润款商品）。

（5）星星纯银手链246元（利润款商品）。

（6）小鲸鱼纯银手链218元（形象款商品）。

3.商品上架

确定直播商品是否已经完成上架工作。

4.预热物料的制作

（1）拍摄预热短视频，适度投放DOU+推广，为开播集结人气。预热短视频脚本见表8-1。

表8-1　预热短视频脚本

序号	项目	内容
1	视频主题	“浪漫情人节，与你约惠”珍妮饰品等你来
2	视频角色	主播与助播
3	视频内容	主播：君君，我们家有那么多好看的耳环，怎么卖不动呀？比如说这款（展示商品）。 助理：我们家卖69元，太贵了，别人家只卖39元。 主播：那这样，29元，我们卖。 助理：我们家库存太多了。 主播：那就19.9元，今晚来我们直播间，还包邮
4	发布渠道	抖音、朋友圈、微博、淘宝店铺主页、淘宝相关商品页

（2）发布微博预热文案，通过站外渠道为直播间引流。

（3）提前发布直播预告，包括直播标题和封面等。

直播标题：“浪漫情人节，与你约惠”珍妮饰品等你来。

5.脚本策划

“浪漫情人节，与你约惠”直播脚本见表8-2。

表8-2　“浪漫情人节，与你约惠”直播脚本

流程	时长	步骤	直播稿内容	备注
开场	1分钟	开场介绍	大家好，欢迎大家来到珍妮饰品官方旗舰店的直播间，我是主播曼玉。情人节快到了，大家都准备给自己添置什么宝贝呢？男生们想好给自己心爱的女生送什么礼物了吗？还没有准备好的朋友，赶紧上车哦！今天在直播间和大家一起分享宝藏饰品。 今天直播间的珍妮饰品价格超级划算，低至四折，宝宝们记得守住直播间哦！ 宝宝们先点击主播头顶上方的关注，关注主播不迷路，让你每天都做美美的小仙女	打招呼

续表

流程	时长	步骤	直播稿内容	备注
开场	4分钟	发红包、宣布福利	关注曼玉会有福利哦！直播间每增加500人，我们就发一波红包奖品，不要走开！大奖就是你的哦！ 茫茫人海遇见你，点个红心最爱你。 宝宝们赶紧把我们的直播间分享给你的亲朋好友，一起来领福利吧！ 话不多说，先来波红包。宝宝们准备好，手慢无哦	宣布福利，聚集人气，提醒分享直播间
预告	3分钟	预告商品	宝宝们，今天所有商品的价格都是非常实惠的哦！ 第一款商品是仙女必备的莫比乌斯环纯银项链。莫比乌斯环象征着无尽的爱，愿世间一切美好都与你环环相扣。 第二款商品是一生钟情玫瑰情纯银项链。 第三款商品是纯银长款耳环。 第四款商品是高级复古珍珠耳钉。 第五款商品是百搭简约星星纯银手链。 第六款商品是针对小众设计的小鲸鱼纯银手链。 是不是光听着就心动了呢？ 那就赶紧来一波闪亮的饰品迎接这个浪漫的节日吧	告知所有商品及商品上架顺序
讲解商品	9分钟	引入第一款商品	对于大家的热情主播感受到了，现在主播都感觉有些热了。 充满爱意的节日来了，不知道各位宝宝是怎么过的呢？ 主播觉得最幸福的事情就是打扮得漂漂亮亮的，再约上好姐妹们一起去逛街	扩大需求，阐述痛点，增强商品优势
		讲解第一款商品	（边戴边介绍） 你可以没有对象，但是你绝对不能少了莫比乌斯环纯银项链，它的寓意是什么？ 告诉你，莫比乌斯环象征着爱永不停息。莫比乌斯环纯银项链的设计寓意是永不停息的爱。 就冲这句浪漫的情话，姐妹们！快冲!! （展示项链） 这款项链戴上真绝了，气质一下子就提升上去了，很加分！ 戴上咱们家的莫比乌斯环纯银项链妥妥地美，很抓人眼球，很好看的。 它的颜色是暖柔玫瑰金，这个颜色很高级，也很显白。造型设计上是经典的双环造型，这款项链适合穿着比较简单的女孩，能够更好地映衬出女孩的简约气质。 戴这款项链会让脖子看起来有更长的视觉效果。 戴对配饰能在视觉上调整五官或身体比例，让整体更协调。 这款项链的材质非常健康、环保，肌肤敏感的宝宝们也不用担心，放心佩戴吧。 当你拆开快递，把项链拿到手的那一瞬间，一定会感叹“多么值得！”	注意：宣传应准确、清楚、明白、实事求是

续表

流程	时长	步骤	直播稿内容	备注
讲解商品	3分钟	促销第一款商品	这款项链简直是好看到爆，宝宝们赶紧抢啊！原价159元，给支持我们的粉丝肯定不能是这个价，对不对？听好了！我们直播间会发放三次优惠券，第一波50张30元优惠券（到手价129元），第二波100张20元优惠券（到手价是139元），第三波200张10元优惠券（到手价是149元），还将抽出一名超级幸运观众，赠送一个精美的小木盒，用作收纳。宝宝们，拼手速的时候到啦！数量有限，抢完就没有啦	
	3分钟	发放福利	哇，直播间的人数已经达到1 000人了，宝宝们真是太给力了！我们准备发红包了，你们准备好了吗？先给大家发一波10元的无门槛现金红包，看看谁的手气比较好，相信识货的宝宝运气都不会太差。我们的运营小姐姐已经准备好要发红包了，宝宝们准备好了吗？注意了，注意了，开始倒计时：五、四、三、二、一！ 恭喜领到红包的宝宝！你们抢到了10元无门槛现金红包。红包可以在本场直播中使用，赶快跟着曼玉一起来抢购今天的浪漫情人节饰品吧	
	（55分钟讲解其余商品）			
返场	10分钟	回顾商品，完成所有活动	回顾所有商品，对主推和热销商品进行重点介绍。发送最后一波福利并截屏	
结束	2分钟	结束	直播即将结束，感谢大家的购买，关注主播不迷路，感谢大家关注咱们直播间。明天，我们有更多福利送给大家，期待大家明天到来。今天就到这里了，宝宝们再见	再次提醒观众关注主播

6.人员配置

（1）主播：曼玉，主要负责梳理商品特点，准备直播要点、现场直播和答疑。

（2）助播：小宁，主要负责准备直播封面（直播主题、直播时间、直播商品名）、测试直播账号、现场布景、设备调控，在直播过程中根据实况进行 DOU+投放。

（3）场控：欣欣，负责直播现场进度把控、客服答疑。

7.直播间的准备

白板、笔记本电脑、直播落地架、麦克风、柔光美颜补光灯、专业声卡。

8.现场直播

依据脚本完成90分钟直播。直播时间分配合理，能在规定时间内完成直播活动；能迅速并有效地处理直播过程中的突发事件；直播讲解富有激情，能带动直播间气氛，可调动观众参与互动活动，并引导观众下单。

9. 直播复盘

（1）直播数据的分析与优化，见表8-3。

表8-3　直播数据的分析与优化

序号	对比项目	目标数据	实际数据	分析与优化
1	观众总数	2 000人	3 200人	达到目标
2	新增粉丝	500人	674人	达到目标
3	付费人数	100人	87人	没有达到目标，原因出在促单力度不够大，需要优化促单话术与促销方式
4	评论人数	350人	98人	没有达到目标，原因主要是没有提醒观众去评论，并且对评论的观众没有设置奖励，需要优化话术，提供评论奖励
5	销售额	10 000元	17 690元	达到目标

（2）主观分析，见表8-4。

表8-4　主观分析

序号	项目	实际情况
1	脚本完成情况	整场直播与脚本内容基本吻合
2	活动开展情况	开场活动收效好，其他活动效果不太好，后期考虑更换活动
3	主播表现情况	主播的直播内容契合直播主题；直播时间分配合理，能在规定时间内完成直播活动；能迅速并有效地处理直播过程中的突发事件；直播讲解富有激情，能带动直播间气氛，可调动观众参与互动活动。但是主播的吸引力与感染力不足，需要对商品做更深入的研究，并提高自身能力
4	助播表现情况	助播能够根据主播需要提供帮助，并且能够在整场直播中做好协调工作
5	场控表现情况	场控能够根据需要完成工作

活动总结

请你利用所学知识，帮助沁沁一起撰写一份珠宝首饰类商品直播脚本。

____

____

____

知识拓展8-1

如何做好直播商品排序

做好直播间商品排序，能最大限度地利用流量，促使成交额成倍上涨。直播商品结构可分为四种，即引流款商品、活动款商品、利润款商品和形象款商品。

1.引流款商品

（1）引流款商品的目的是最大限度、最大范围地吸引流量，吸引观众关注。这款商品一定是该品类内受众面最广的大众刚需商品。

（2）引流款商品的价格必须便宜，且品质不能降低，正是因为高质低价，才让观众感觉性价比超高，忍不住地被吸引过来。

（3）用来引流的商品应该是主营商品，与后续销售的商品是同品类或相近品类，或者就是后续利润款商品的低配版。引流款商品吸引的是有某类需求的观众，如果后续销售的商品与引流款商品品类相差甚远，观众对后续商品未必会有需求，就算有需求，信任度也低。

2.活动款商品

活动款商品是用于做活动的商品，通常是为了清库存、冲销量或让观众体验品牌商品。活动款商品的选择应该是大众化的，但定价绝非低价。商家要让观众看到基础销量的价格与活动折扣的落差，从而让观众产生购物的冲动，因此需要一个较低的折扣。活动款商品应该是整套商品结构中利润率最低的商品，同时做好售后跟踪，提升复购率。

3.利润款商品

利润款商品是引流款商品的升级，在配置及性能上略高一级。观众在挑选商品时容易将其做比对，发现价格的差额不大，但利润款商品的配置和性能有明显的提升，这时大多数观众会倾向于购买利润款商品。

4.形象款商品

形象款商品是用来树立、拔高品牌形象的商品。形象款商品高质、高价、高利润，但因为处在商品结构金字塔的顶端，市场很窄，受众很少，价格和利润虽然很高，但因为销量一般很少，所以不是企业商品利润的主要来源。它存在的主要目的是展示品牌能力，拉升品牌档次。

直播时一般遵循引流款商品→活动款商品→利润款商品→形象款商品的顺序，让观众有循序渐进的感觉。尤其直播的时间较长、商品较多时，更要规划好商品的直播顺序，实现转化率的最大化。

活动六 珠宝首饰类商品直播实战训练

活动描述

本次直播实战竞赛训练的商品类目为饰品。根据提供的店铺背景、商品资料信息，按要求完成一场完整的直播。

活动实施

一、训练要求

1.店铺背景

LW 饰品旗舰店是一家在淘宝平台运营的店铺，主营商品是饰品，例如手链、项链、耳钉等。店铺计划在“情人节”前夕举办一场以“情人节”为主题的专场直播。项链是该店铺的热门商品。选手根据要求自行选择8款商品，完成表8-5。

表 8-5　　商品资料

序号	商品名称	商品图片	商品介绍
1			
2			
3			
4			
5			
6			
7			
8			

2.竞赛要求

各团队以LW 饰品旗舰店直播团队身份，根据店铺情况、商品资料等，策划并执行一场时长为 90 分钟的直播，完成直播策划、现场直播、直播复盘。具体要求如下：

（1）确定直播主题与目标具体要求：依据背景资料进行数据的整理和分析，根据分析结论，规划本次直播的商品数量，挑选直播推广的商品种类，确定目标商品定位，最终确定直播主题与直播目标。

（2）选品与排品的具体要求：①根据直播时间合理安排选品数量及种类。②确定引流款商品、利润款商品、形象款商品。③确定一款直播主推商品。

（3）商品上架的具体要求：设置直播商品上架要素信息。其中，主推商品上架要素包括商品标题、商品关键词、商品规格、商品价格、库存、商品主图与辅图及商品详情描述；非主推商品上架要素包括商品价格及库存等。

①图片要求：依据基础素材，使用Photoshop 软件完成主图、辅图及图文介绍的制作。

② 商品详情描述的要求：商品详情描述采用图片或图文混排的形式，可以包含商品展示、包装信息、参数信息、物流信息、售后信息、顾客好评截图等。

（4）宣传物料制作的具体要求：依据直播主题及直播选品等，进行直播封面和预热短视频的制作。

①直播封面的要求：尺寸 720 像素×1 280 像素，大小不超过 2MB；含直播主题、直播时间、引流款商品、直播活动等信息；具备良好的视觉体验，能引导观众点击进入直播间。

②预热短视频的要求：使用剪辑软件，根据背景资料中的图片素材进行制作，大小不超过500MB；视频内容贴合直播主题，并能引导观众进行传播；视频画面构图合理、美观。

（5）脚本策划的具体要求：完成全场脚本话术的编写。互动活动包括优惠券活动、抽奖活动、秒杀活动等。单品讲解包括引流款商品、利润款商品、形象款商品等。

（6）人员配置的具体要求：人员配置至少包含主播、助播、场控，人员职责设置合理、清晰。

（7）直播间设置的具体要求：完成直播预告信息的设置，包含直播间名称、直播时间、直播标题、直播封面、简介的填写以及频道栏目的选择、直播商品的配置。

（8）现场直播的具体要求：依据背景资料、商品信息及直播筹备情况，使用手机完成一场90分钟不间断的直播。

① 主播要求：能够建立主播IP，与助播配合默契。

② 内容要求：直播内容契合直播主题与竞赛商品；直播时间分配合理，能在规定时间内完成直播活动；能迅速并有效地处理直播过程中的突发事件；直播讲解具有激情，能带动直播间气氛，可调动观众参与互动活动；商品讲解有较强的吸引力与感染力，能引导观众下单。

（9）直播复盘的具体要求：从数据分析与主观分析两方面寻找整个直播中出现的问题，并提出优化方案。复盘过程中需细致严谨，做到实事求是、精益求精。

二、过程记录

按照训练要求完成竞赛项目，并填写表8-6、表8-7。

表8-6　直播记录

直播主题		直播日期	
直播人员		直播时间	
直播目标	观众总数		
	新增粉丝		
	付费人数		
	评论人数		
	销售量		
	销售额		
选品与排品	直播商品		
	直播顺序		
商品上架			
直播预热	预热短视频	视频主题	
		视频角色	
		视频内容	
		发布渠道	
	预热文案		
	其他推广		

续表

人员配置		
直播间准备	直播场地	
	直播设备	
现场直播		
直播复盘	直播数据分析与优化	
	主观分析	
二次引流	整理直播视频	整理直播现场图片、精彩画面或片段、平台数据等素材，并进行以下工作： （1）制作成海报； （2）制作成软文； （3）制作成短视频
	多渠道发布两次传播物料	（1）发布到微信群； （2）发布到QQ群； （3）发布到朋友圈； （4）发布到其他平台

表 8-7　　直播脚本

流程	时长	步骤	直播稿内容	备注
开场		开场介绍		
		发红包、宣布福利		
预告		预告商品		
讲解商品		讲解第一款商品		
		发放福利		
		讲解第二款商品		
		发放福利		
		讲解第三款商品		
		发放福利		
		讲解第四款商品		
		发放福利		
		讲解第五款商品		
		发放福利		
		讲解第六款商品		
		发放福利		
		讲解第七款商品		
		发放福利		
		讲解第八款商品		
		发放福利		
返场		回顾商品，完成所有活动		
结束		结束		

三、训练评价

根据训练完成情况，完成直播电商竞赛训练评价（见表8-8）的填写。

评价标准：

优——能够非常熟练地完成相关考核项目，并且各项表现完美；

良——能够较熟练地完成相关考核项目，并且各项表现比较好；

中——能够熟练地完成相关考核项目，并且各项表现合格；

差——不能熟练完成相关考核项目，并且各项表现不合格。

表8-8　直播电商竞赛训练评价

考核项目	评价要点	等级				备注
		优	良	中	差	
直播策划	直播各环节设置合理，脚本完整，语言丰富					
直播前引流	完成10秒引流短视频的拍摄与上传，能够吸引100人以上					
	文案内容有吸引力，能吸引20人以上					
	开通付费引流，得到性价比高的流量					
直播间引流	获得流量在10人以上					
	能够合理分析流量来源					
直播二次引流	完成二次引流物料的制作					
	完成多平台发布二次传播物料					

活动总结

请你利用所学知识，帮助沁沁一起总结本次直播实战训练的完成情况。

____

____

____

案例赏析8-1

珠宝首饰类品牌直播解析——周大生

周大生直播带货之所以能成功，主要是因为采取了以下直播策略。

1.积极布局电商直播带货

周大生作为珠宝首饰的领先品牌，积极布局直播带货。2016年，周大生成为最早入局淘宝直播的品牌之一，开启与淘宝官方及名人的合作直播。2017—2018年，周大生在珠宝首饰类商品业内率先开展天猫旗舰店店铺自播，连续多年夺得阿里电商直播奖。2019年，随着直播电商热潮的来袭，周大生与多位“达人”主播展开深度合作，接连创下珠宝首饰类直播销售纪录，同时，周大生电商全面切入“直播带货”运营模式，在抖音、快手、淘宝、小红书等短视频、直播平台进行全渠道带货合作，周大生以“大主播+全渠道”的直播运营模式，推动2020年商品销售大幅增长。

2.针对头部主播粉丝选择商品

周大生通过分析头部主播的粉丝来选择对应的商品，在提升购物转化率的同时为品牌及线下门店“种草”。周大生在与头部主播合作时，公司团队会先对其粉丝群体进行数据分析，然后根据用户画像来组织货品，尽可能多地将主播流量池中的潜在消费者转化为实际购买力。

（1）私域流量转化

周大生根据调研情况，积极引导主播粉丝转化为品牌私域流量，进行统一管理与运营，并维持高效的互动，将主播粉丝有效转化成品牌用户，并不断提高他们的留存率和复购率。

（2）为线下引流

在周大生与快手某头部主播的合作专场活动中，周大生承诺该主播的粉丝在一个月内到周大生的任何门店都可享受特定的优惠，同时在发货商品中附赠线下门店优惠券，这一举动的目的是将线上流量引至线下。周大生线下门店以钻石、黄金等高客单价商品为主，与直播形成差异化定位，从而提升在年轻消费群中的品牌知名度及门店业绩。

3.组建自播团队，“吸粉”引流促销

周大生的店铺自播搭建起了专业的直播团队，不同主播轮番直播。专业自播团队以较低成本“吸粉”引流并提升用户留存率，与头部主播带货形成差异化定位，共同促进商品销售。与头部主播利用流量带货不同，店铺自播更多的是用于新品宣传、清销尾货等，周大生会根据商品情况、库存情况对店铺自播制订每月计划，每场直播都有不同的任务。

例如，以推广新品为主的场次主要是展示新品的亮点，而对成交量没有太高要求。会员日直播时，周大生会重点回馈会员用户。2019年周大生创新性地提出“宠爱节”概念，周大生线上店铺致力于营造属于自己的“双十一”氛围，每年4月都会组织规模较大的活动，带动店铺消费。

4.加大产品设计投入，推出众多IP产品

周大生深挖年轻消费者珠宝首饰市场，加大设计投入，推出众多受到年轻人喜爱的IP系列产品。周大生主要采取自主设计和联合设计相结合的产品研发模式，广泛整合国内外优秀设计资源，对现有产品体系和款式设计进行持续的优化和迭代。

为了适应不同年龄、不同文化背景、不同使用场景下的消费者在珠宝首饰需求上的差异性，周大生以不同产品系列和主题、不同的设计风格打造标志款、人气款、配套款相结合的款式组合，建立了多维度的产品款式库。

近年来周大生不断引进和强化IP主题系列设计，包括梵高、皮卡丘、兔斯基、喜羊羊与灰太狼、年娃春妮等艺术IP和文化IP。周大生还推出品牌大使联名设计系列，打造更具有个性化的珠宝首饰产品。

思考题

1. 打开抖音，观看一场珠宝首饰类商品直播，分析其直播间的布置、主播的商品讲解话术的运用。

2. 撰写一份珠宝首饰类商品直播脚本。

3. 选择一款珠宝首饰类商品，熟悉并掌握该商品的亮点、使用场景，以主播的身份模拟直播。

模块九

直播效果的评估与改进

直播不单单是从开播到下播的那么几个小时，还包括直播前的准备和直播后的复盘。通过直播间的点赞数、评论数、转发数等数据，可以判断直播内容的质量、对用户的吸引力，同时可以判断直播间销售目标是否达成。直播团队还可以通过流量来源、各渠道流量占比等数据分析直播间流量来源情况，为后续直播的引流和推广提供依据。总之，任何一场直播都离不开数据分析，通过数据分析能够总结直播效果，查找差距，确定后续直播的优化、改进方向。本模块将从直播数据复盘和直播总结与优化两个活动进行讲解。

学习目标

【知识目标】

1. 通过案例理解直播电商的效果评估过程；
2. 掌握直播电商的效果评估指标：流量指标、人气指标和转化指标；
3. 掌握直播电商的效果评判标准：品牌曝光、用户感受和转化成交；
4. 学会对直播电商进行复盘，对直播效果进行评估和改进的方法。

【技能目标】

1. 能掌握直播销售和流量运营相关数据指标；
2. 能采集直播数据平台中对应的直播间数据；
3. 能初步处理直播间数据，对直播效果进行评估和改进。

【思政目标】

1. 培养学生的包容精神。它包含敢于自我纠正、灵活变通的协调能力，还包含了团结协作的“抱团”能力。直播复盘中除了盘点数据复盘视频，更需要运营团队成员间相互协作配合、抱团优化，以在之后的直播中取得更好的效果；
2. 培养学生精益求精的工匠精神。工匠精神的内核是敬业，是对自己生产的产品精雕细琢、精益求精，追求完美和极致的精神理念，是对质量精益求精、对技艺不断改进的理想精神追求。

活动一
直播数据复盘

活动描述

一天的直播结束了，可是直播工作却没有结束。直播团队还要对直播的数据进行复盘。作为一名直播新手，面对直播后台的繁杂数据，姗姗一头雾水，这么多的数据都代表什么含义呢？该如何采集数据，进行复盘分析呢？

活动实施

直播下播了，工作就结束了吗？其实并没有。下播后，直播团队一定要进行直播数据复盘。团队必须养成一个习惯：无论下播后多晚，当下的复盘是一定要做的。只有下播时感知才是最强烈、最清晰的，所以复盘不可以延后，因为一次好的复盘可以让团队有一个飞跃的提升。

每一场开播都要进行录屏。录屏可以用手机进入直播间录制，也可以直接在电脑上录制。可以用网盘保存直播录像，因为录屏时长比较久，网盘上内存大，方便存放。如果没有办法全程录制，至少要把前半个小时录制下来，等直播结束后复盘时使用。

1.直播效果评估指标

直播电商运营需要基于数据进行自检，有些数据是后台可以直接监测到的，有些数据则需要通过进一步的计算才能得出，通过数据分析，达到盘活粉丝存量以及扩大粉丝增量的目的。不同直播电商平台有不同数据指标，但从直播电商的本质出发，通用的评估指标主要有三个：流量指标、人气指标和转化指标。

（1）流量指标：在线人数

在线人数是直播间流量的核心指标，通常最值得关注的流量指标就是在线人数。

①核心概念

A.GMV：成交金额。

B.PV：指总的页面浏览量或点击量，用户每访问直播间一次均被记录1次PV。

C.UV：指访问直播间的总人数。在同一天内，反复进入直播间的用户只记录一次UV。

D.UV价值：UV是访客，价值是访客所带来的贡献，UV价值即平均每个进店的访客产生的价值。UV价值=销售额/访客数。

E.平均停留时长：用户进入直播间到离开直播间有一个时长，累计加起来的总时长，再除以直播间的场观人数，最后计算出来的就是停留平均时长。

知识拓展9-1

直播间UV价值的评判标准

评判一场直播做得好不好，关键在于UV价值。UV价值越高，平台会认为直播间的内容越优质，就会向直播间倾斜更多的流量，同时流量能否被承接住也会影响UV价值。

一般来说，如果一个直播间的UV价值达到1，就是及格线，也就是正常范围，直播间就开始进人了；如果UV价值能达到2~4就比较优秀了，5以上就很优秀了。

要提高UV价值，可以从店铺宣传、活动策划、用户体验等多个方面入手，不断试错和优化，不断优化UV价值的同时，从销售额、客户留存率、用户口碑等多方面的数据综合考量，为直播间的长期发展打下坚实的基础。

②在线人数分析维度

A.在线人数的变化曲线

随着单场直播的开展，在线人数的变化可以最直观地反映直播间的内容质量。

B.在线人数的稳定程度

随着多场次直播的开展，稳定的在线人数代表着用户对直播间的黏性。

（2）人气指标：互动数量

人气指标对应直播间互动数量。互动指的是用户在直播间的评论区发起评论或参与直播间设置的话题。

互动数量是直播间人气活跃程度的核心指标。

①核心概念

A.粉丝互动率：粉丝互动人数与粉丝UV之比。

B.转粉率：新增粉丝数量与观众总数之比。

②互动数量分析维度

A.新用户互动量

新用户的互动量决定了直播间多少新用户能转化成为老用户。

B.老用户互动量

老用户的互动量多少决定了直播间的氛围好坏，越是好的互动氛围，直播间留下新用户的概率就越大。

C.转粉率指标

直播间观众人数在1 000以下，转粉率达到1%即为合格，2%为中等，4%为优秀；直播间观众人数在1 000以上，转粉率达到2%即为合格，5%～10%为优秀。转粉率低，说明新增粉丝比较少，陌生用户没有被直播内容吸引，影响因素包括人、货、场多方面。那就可以看看是不是主播不会活跃气氛、不会说话，长得是不是不符合粉丝的审美，产品是不是没有人喜欢，直播间是不是脏乱差等等。

（3）转化指标：成交单量

成交单量是考核直播电商转化的核心指标，代表直播内容和电商销售达成了统一。成交单量分析维度：

①成交单量与在线人数

直播间用户的精准程度可以用数值来衡量，即直播间用户的精准程度=（成交单量/在线人数）×100%，数值越低，精准程度越低。

通常来说，每场直播精准程度数值都低于3%，意味着数值偏低，比如1 000人在线，至少要达成30单成交。

②成交单量与互动数量

直播间产品的内容策划质量同样可以用数值来衡量，即直播间产品的内容策划质量=（成交单量/评论数据）×100%，数值越低，代表策划质量越低。

通常来说，直播间产品的内容策划质量数值每场直播都低于5%意味着数值偏低。比如1 000条评论至少要达成50单成交。

2. 直播效果的判断标准

直播效果的评判标准并不存在唯一性，一切都与直播前设定的目标有关系，大体上可以分为三个情况对效果进行判断：品牌曝光、用户感受和转化成交。

（1）品牌曝光

直播的过程也是不断向用户传播内容的过程，因此直播可以成为企业或个人宣传产品和传播品牌的渠道。

直播间的在线人数越多，代表内容的覆盖面越广，企业的产品和品牌可以植入在直播内容中，实现品牌曝光的需求。

该标准主要考验的是直播间的流量指标（即在线人数），只要流量指标达标，那么该场直播就可以认为是成功的。

（2）用户感受

直播过程是企业或个人建立用户情感信任的机会，因此直播可以成为企业或个人获得粉丝的渠道。

直播间的互动越活跃，代表直播间出镜的主播与用户之间产生情感信任的概率越大。

该标准主要考验的是直播间的人气指标，即互动数量，只要互动数量足够且其中老用户互动量占比20%以上，那么该场直播就可以认为是成功的。

（3）转化成交

直播电商产品的销售转化，让直播的粉丝变成产品的客户，实现了观看直播的用户、喜欢主播的粉丝到体验产品的客户的进程。

直播的过程中，用户和粉丝都是对直播内容的“消费”，而产品达成销售并送到他们手上进行体验的时候，代表从内容消费转向产品消费。

直播转化率其实指的就是顾客在观看直播的时候，从直播链接点击进去，进行下单购买的操作。

计算方法为：转化率=（产生购买行为的客户人数/所有到达店铺的访客人数）×100%

该标准主要考验的是直播间的转化指标即成交单量，成交单量高，代表直播间的内容真正帮助产品进行销售转化，那么该场直播就可以认为是成功的。

知识拓展9-2

转化率的分析见表9-1。

表9-1 转化率的分析

转化率	分析
低于1%	低于1%的转化率是不够合格的，这种数据一般出现在刚开播不久的新直播间，粉丝数量不够，主播经验也不够，观看后下单的用户非常少
1%～3%	这个区间属于刚刚合格，数据能看得过去，但系统分配的流量比较少，利润也不够支撑人员开销
3%～5%	处于比较合理的区间。这个区间的直播间奠定了能够长期开直播的基础，也拥有了一定的固定粉丝，可以实现一定的固定收益
5%～20%	属于比较优秀的数据。只要将这个水平的数据保持一段时间，就能在平台拿到更多的流量，前景非常光明
高于20%	属于规模比较大的直播间。获利非常可观，而且拥有数量比较庞大的粉丝群体，往往是比较有名气的主播所在的直播间才能收获这样的数据

3.直播复盘的方法

（1）采集直播数据

采集直播数据的类型（见表9-2）包括单场直播数据和综合直播数据。

表9-2 采集直播数据的类型

数据类型	需要采集的数据
单场直播数据	①指标总览：观看次数、最高在线人数、平均观看时长、封面图点击率、直播间浏览次数、直播间访问用户数、新增粉丝数、商品点击人数、商品点击次数、商品点击率、引导成交人数等。 ②商品数据：商品点击次数、商品点击人数、引导成交金额等
综合直播数据	直播诊断数据（近7日） ③开播：有效开播天数占比、日均开播场次、场均有效开播时长。 ④流量：日均公域引导直播间人数、日均私域引导直播间人数、日均商业推广引导直播间人数。 ⑤观看：日均30秒留存率、日均人均有效观看时长。 ⑥转粉：日均非粉丝观看人数、日均转粉率。 ⑦成交：日均有效成交金额占比、日均商品点击率、日均直播间新品数、日均成交转化率、日均客单价

（2）分析直播数据

分析直播数据的技巧见表9-3。

表 9-3　　分析直播数据的技巧

数据类型	分析技巧
流量数据	在线人数少或不稳定反映出流量数据指标不佳： ①观看人数长期停留在 100 人以内的，可认定为在线人数少，需要分析直播场景中的背景标识是否清晰明了，出镜主播的话术引导是否到位等。 ②在线人数不稳定，与历史直播数据的在线人数相差较大，需要分析是否在固定时间开播，是否强化了直播预告，是否进行了社区营销，是否组建粉丝社群以方便粉丝快速进入直播间
转化数据	在分析商品点击次数时，除了分析整体商品点击次数，还要分析单品商品点击次数。 如果商品点击次数低，说明从直播间进入商品详情页查看的人数少，直播间内主播引导力或商品吸引力不足，更深层次原因可能是主播账号的用户定位与直播商品不契合或者没有做好直播间选品工作。 要想增加直播间的商品点击次数，提高商品转化数据，主播可以丰富商品种类，给粉丝更多选择余地；在引导时多强调商品的优势，如价格、促销、特点等
综合数据	如果开播指数低于均值：需要查看近 7 天开播次数、有效时长是否过低，后期可以增加开播次数和时长，提升开播指数。 如果流量指数低于均值：需要查看用户渠道分布，分析私域、公域、商业流量渠道来源用户是否过低，后期可以多渠道增加引流，比如在全店设置端口，让更多的用户进店。 如果观看指数较低：需要查看留存率、观看时长是否过低，后期在直播期间多做互动，延长用户观看时间，同时做好选品工作，推荐价好质优的商品，提高用户的留存率

案例赏析 9-1

直播间数据复盘

直播间后台数据如图 9-1 所示。

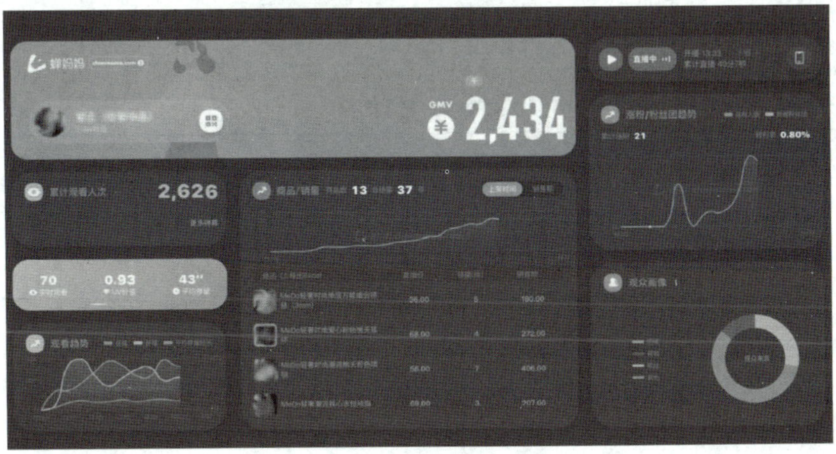

图 9-1　直播间后台数据

部分数据如图 9-2 所示。

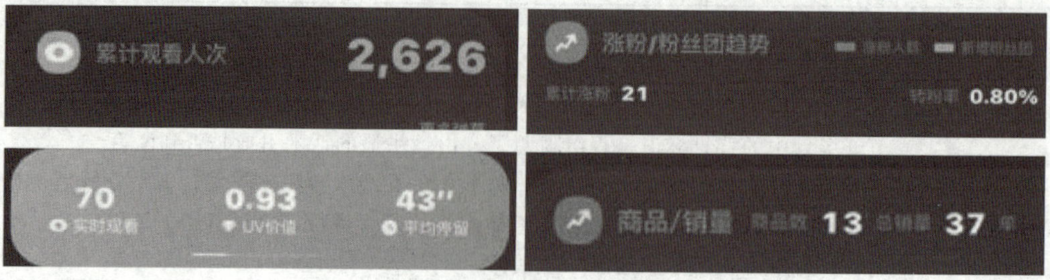

图 9-2　部分数据

案例分析：

①UV 价值=0.93。

分析：UV 价值=1 是比较合格的，2～4 是比较优秀，5 以上是非常优秀。因此 0.93 表明客单价本身不高，还有提升空间。UV 价值是能否进带货榜的因素之一。

②总销量 37 单，累计观看人数 2 626。

分析：假设这 37 单是 37 个不同用户下单的，那么由此可以计算得出转化率为 1.4 %。这说明这个主播的话术是有一定问题的，需要提升；或者是没有做福利品，没有密度成交。

③平均停留时长 43 秒。

分析：直播间的平均停留时长为多少算作合格并没有一个标准答案，因为不同行业的数据肯定是有区别的，大概来说至少在 30 秒左右的时长是比较合理的。因此 43 秒是及格的。可以这样说，"30 秒停留看主播，1 分钟停留看产品，3 分钟停留看人、货、场的搭建"。这个直播间主播是合格的，但是产品没有策划好，没有排品，就是平播。想要停留时间长一定要多互动。

④转粉率 0.8 %。

分析：这个直播间转粉率为 0.8%，比较低，为不合格。加团人数还没有，一看就是互动没有做好，没有做引导，因此下一场应多引导加关注、加团。

活动总结

请你利用所学习的知识，填写表 9-4，对你自己的直播间进行直播数据复盘。

表 9-4　直播间数据复盘

一、数据采集		
数据	具体指标	
单场直播数据	最高在线人数：	新增粉丝数：
	平均观看时长：	商品点击人数：
	封面图点击率：	商品点击次数：
	直播间访问用户数：	引导成交金额：

续表

综合直播数据	开播	有效开播天数占比： 日均开播场次： 场均有效开播时长：
	流量	日均公域引导直播间人数： 日均私域引导直播间人数： 日均商业推广引导直播间人数：
	观看	日均30秒留存率： 日均人均有效观看时长：
	转粉	日均非粉丝观看人数： 日均转粉率：
	成交	日均有效成交金额占比： 日均商品点击率： 日均直播间新品数： 日均成交转化率： 日均客单价：
二、数据分析		
数据类型	分析结果	
流量数据		
转化数据		
综合数据		

活动二
直播的总结与优化

活动描述

直播间的数据复盘已经完毕。面对直播中出现的这些问题，姗姗直播团队要坐下来好好地对这段时间的直播进行一个总结，并且对下一步的直播提出优化的方法，进一步改善她们的直播间，提升团队成员的直播技巧。那么面对这一新的挑战，她们要怎么做呢？

活动实施

直播总结是直播运营一个重要的组成部分，通过回顾分析直播的整个过程，及时总结得失并进行优化。

1.直播总结

根据观看直播回放视频，回忆直播过程以及直播复盘的数据分析，对整场直播活动进行总结。

（1）直播选品的总结

如果产品没选好，就算直播间人气很高，也可能会出现0转化的情况。可以根据每个产品的转化率、成交率等数据，判断选品是否成功。对于粉丝不喜欢的选品要及时做出调整，可以根据成交率高的选品特征，包括价格、品类、品牌等特征，去选择下一次直播要带货的产品，同时还要总结直播间的货品组合是否恰当，即引流款、利润款、话题款（爆款）的数据是否及格。

知识拓展9-3

直播带货选品4要素

第1要素：多样性

选品首先要做多样性的测试，提高产品更新率，保持粉丝新鲜感，增加粉丝黏性。假如直播间一个星期甚至一个月只卖相同的几种产品，粉丝就会有腻烦的感觉。

第2要素：品相

从外观、质地、使用方法等方面，选择对感官具有冲击力的产品。直播带货是具有场景感、沉浸感的互动式带货，好品相的产品才更能激发粉丝的购物欲望。

第3要素：品质

实际效果非常好、超出预期、性价比非常高、售后服务非常好等，都有助于提升品质。

第4要素：品牌

品牌背书利于转化。选择有一定知名度的产品，质量有保障，避免售后问题，也能提高直播间转化率。

（2）直播准备的总结

没有提前做好直播计划，没有准备好直播带货脚本等，诸如此类的直播准备不足，实战起来主播就容易手脚忙乱，最终影响直播带货数据。直播准备是否充足，可以从直播设备的准备、直播间的布置、直播脚本的准备、了解产品信息的情况、直播前的预热工作、直播效果的测试等方面进行总结。

（3）直播引流的总结

在流量时代下，直播间要快速吸粉，获取粉丝流量，从而让直播间气氛活跃起来，最关键的地方在于引流。引流是否做好，可以从设置封面和标题的吸引人程度、直播刷手的评论热度、直播预热工作、主播话术、用户的参与感、利用站外平台引流的情况、直播优惠活动的设置情况等方面进行总结。

知识拓展9-4

抖音直播间流量来源

①自然推荐流量

抖音账号会有推荐量，按照用户标签推送给相对应的人，这部分流量相对来说点击率会更高。

②附近的人

这是指同城推。有时候刷抖音会看到一些直播间距自己2km/3km等，这些就是同城推荐流量来的，这部分流量转粉率会比较高。

③直播广场

在直播广场里面可以看到所有直播间，可以选择自己感兴趣的直播间观看，点封面就能进去了，排名越靠前，越容易被观看。

④关注账号的粉丝

抖音主页有个关注栏目，粉丝在这边可以看到自己关注账号的更新状态。

⑤私域流量

在直播前或者直播时，在私域平台做的宣传和引流也会引来一部分流量。

⑥短视频引流

抖音账号发布的短视频有可能会上热门，用户刷到后，通过这个视频可以进入直播间观看。如果发现自己某一条视频有点爆火了，建议赶紧开直播，流量也不少。

⑦广告投放

可以花钱做推广引流，设置目标用户的年龄、地区等范围，获取流量。

（4）直播销售的总结

从整场交易总额（GMV）、千次观看成交金额（GPM）、投入产出比（ROI）、客单价等数据都能够对直播销售情况进行总结：

① GMV是衡量带货主播带货能力的最重要考核指标。

② GPM衡量直播间的卖货能力，越高则反映主播流量转化能力越强。

③ 直播间的ROI比例越高，盈利空间就越大。

④ 客单价显示直播间所售卖商品与观众人群是否契合，可以帮助主播了解用户的购买力，从而调整卖货话术、直播选品、带货节奏和商品组合。

（5）直播场控的总结

一场直播配有优秀的场控，直播销量将会大幅上升。可以通过考察以下能力判断场控是否合格。

① 调动气氛的能力

一场直播至少要进行2小时，场控的工作就是要配合主播，怎么让直播间不冷场，气氛如何调动起来，让消费者不停买买买。一个主播能够调动60分的气氛，那场控则需要把气氛调到80分以上。

② 短板补充的能力

主播在某些方面的能力出现短板时，比如对产品的了解不足，脚本的执行完整度不够，场控需要补足主播的短板，主播缺什么就补什么。

③ 促进成交的能力

定时组织直播间玩法，如红包、秒杀、抽奖等，同时要实时关注直播间粉丝反馈和直播产品的数据反馈，比如某款产品卖得很好时，提醒主播继续播。通过这些方式提高直播的成交额。

（6）直播客服的总结

直播前，客服要对产品、优惠活动、物流等信息有一定的了解，提前设置好快捷回复语，为直播做好准备。在直播时客服要时刻关注聊天窗口和直播评论区，及时回复用户的咨询、做好商品备注等。对主播没有及时解答的问题，客服人员要及时在评论区回复，不错过每个潜在用户。

2.直播优化

（1）流量优化技巧

①设置吸引人的封面和标题，吸引新粉丝进入直播间。

②优化直播场景中的背景，如清晰地写出直播间的亮点及活动，让新用户快速了解。

③固定开播时间，让老用户养成观看习惯。

④强化直播预告，提高初次看直播的新用户转化成老用户的比例。

⑤进行社群运营，运营人员通过私信的方式逐步引导老用户添加运营人员的微信，组建粉丝社群，方便老用户在直播期间可以快速进入直播间。

（2）主播优化技巧

①建立账号主页，从名字、封面图到简介等配备完善，让观众从对主播的喜爱转变成信任，喜爱这个主播，信任这个主播带的货，实现转化下单。

②在直播前做足准备工作，主播提前了解商品卖点和爆点，懂商品才能卖商品。

③营造直播间气氛。通过发送福袋、红包以及粉丝专属福利来吸引粉丝加入粉丝团；通过时段秒杀、限时点赞抽奖，引导粉丝点赞、关注送礼物；预告活动设置悬念，增加观众停留时长，提升转化。

④增加与用户的互动。如强调对新用户的关注，及时地念出进入直播间的新用户的名字，引导问答、引导评论、引导加入粉丝团等，让用户有参与感。

（3）商品优化技巧

①根据不同消费群体、不同场景选择带货商品；从用户角度出发，解决用户问题，提供满足某个场景下应用的商品。

②采用“低价高质”选品策略，确保给粉丝的价格是“全网最低价”，质量要有保证，提升粉丝购买体验。

③商品的设计或外观具有高级感，或者有很多名人推荐，或者有不同于同类商品的独特性。

④保障库存，直播间面对的观众可能是几千、几万甚至几十万人，商品必须有明确、真实的库存数量，发货周期及库存补货周期，可选择少量多批的策略。

（4）场控优化技巧

①熟悉主播

一般情况下，直播间里面只有场控和主播两个人，直播想要做好，他们的配合必须默契。而好的配合默契源于双方的了解，场控平时要多了解主播的性格、人设和带货风格以及主播所带的货品的详细属性等，这样才能形成与主播的良好互动，增加直播间的吸粉力度。

②熟悉产品

场控需要了解自己的产品，不仅要熟悉推广商品的性能、参数等文字上的介绍，更要实际操作，看看是否真如商家宣传的那样。在主播不熟悉的情况下，场控可以代替主播在镜头面前讲解产品，这样的话可以避免由于主播的不熟悉导致的粉丝的流失。

③树立导演意识

场控要树立导演意识，引导主播，把握直播节奏，更要适时地提醒主播话术和情绪调节。场控要提前确定直播流程，例如什么时候抽奖、什么时候分享主题、什么时候分享干货、什么时候卖产品等，都需要提前确认好。场控可以提前写在纸条上，或者提前准备好电子文档来做提示。

④及时反馈数据给主播

场控需要实时关注直播间粉丝反馈和直播产品的数据反馈，比如某款产品卖得很好时，则提醒主播继续播；相反，则需要主播马上播下一款，以免直播间粉丝的流失。

（5）客服优化技巧

①做好直播前的充分准备。充分准备包括产品、活动、物流等，例如这次直播间有没有上架什么新品、产品在直播间有没有备注什么特定的优惠活动等。

②直播时要关注主播的话语。例如主播提到的活动备注、尺码备注等，客服一定要及时帮客户仔细备注好。

③及时将客户的问题信息反馈给主播。在直播时，有的客户不在直播间里提问，而是通过在线客服窗口，发文字进行询问。这时，客服人员要及时回复。如果需要再一次进行直播展示，客服要及时将信息反馈给主播，以便更好地解决客户的问题，促成交易。

活动总结

请你利用所学习的知识，填写表9-5、表9-6，对你的直播间进行直播总结和优化。

表 9-5 直播总结

项目	总结
直播选品	
直播准备	
直播引流	
直播销售	
直播场控	
直播客服	

表 9-6 直播优化

要素	失误点	改善方案
流量		
主播		
商品		
场控		
客服		

思考题

1. 我们可以通过查看哪些数据指标对直播效果进行评估？
2. 请简述直播复盘的方法。
3. 如何进行直播的总结和优化？

主要参考文献

[1] 吴玉红，高阳. 直播电商实务［M］. 北京：北京师范大学出版社，2021.

[2] 于丽娟. 电商直播［M］. 北京：高等教育出版社，2022.

[3] 王红蕾，刘冬美. 直播电商［M］. 北京：中国财富出版社，2021.

[4] 张雨雁，应中迪，黄宏. 直播电商与案例分析［M］. 北京：人民邮电出版社，2022.

[5] 冷玉芳，张学青. 直播电商教程［M］. 北京：高等教育出版社，2022.

[6] 南京奥派信息产业股份公司. 直播电商基础［M］. 北京：高等教育出版社，2021.

[7] 南京奥派信息产业股份公司. 直播电商运营［M］. 北京：高等教育出版社，2021.

[8] 程兆兆，李兴国，彭柏华. 直播电商实务［M］. 北京：中国财富出版社，2023.

[9] 潘玉，陈煜，朱京坤. 直播电商综合实训［M］. 北京：中国建材工业出版社，2023.

[10] 陈襄，陈佳莹，张伶俐，等. 直播电商：理论与实务［M］. 成都：四川大学出版社，2022.

[11] 张雪存. 直播电商数据分析与应用［M］. 北京：电子工业出版社，2023.

[12] 彭军. 直播电商基础［M］. 重庆：重庆大学出版社，2021.

[13] 北京星播文化传媒有限公司. 直播电商实务一本通［M］. 北京：中国人民大学出版社，2021.

[14] 马骁骁. 直播电商：理论、运营与实操［M］. 北京：电子工业出版社，2022.

[15] 刘冬美，余涛. 直播电商综合实训［M］. 北京：清华大学出版社，2023.

[16] 黄守峰，黄兰，张瀛. 直播电商实战［M］. 北京：人民邮电出版社，2022.

[17] 同婉婷. 短视频与直播电商实战［M］. 北京：人民邮电出版社，2022.

[18] 隋东旭. 直播电商：从基础到实务［M］. 北京：清华大学出版社，

2022.

［19］陈萍，严芷玥，李建霖．直播电商运营实务［M］．北京：中国水利水电出版社，2021．

［20］宋夕东，邱新泉．直播电商运营实务［M］．北京：人民邮电出版社，2022．

［21］张雨雁，应中迪，黄宏．直播电商与案分析［M］．北京：人民邮电出版社，2022．